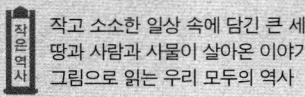 작고 소소한 일상 속에 담긴 큰 세상,
땅과 사람과 사물이 살아온 이야기,
그림으로 읽는 우리 모두의 역사

글쓴이 🌱 주영하

서강대학교 사학과를 졸업하고, 한양대학교 대학원에서 〈김치의 문화인류학적 연구〉로 석사 학위를, 중국 중앙민족대학에서
〈중국 사천 양산 이족의 전통 칠기 연구〉로 민족학 박사 학위를 받았다. 지금은 한국학중앙연구원 한국학대학원 문화예술학부 교수로 있다.
주로 음식의 문화적 현상과 음식의 역사에 대한 연구를 한다. 한국인이 소비하는 모든 음식이 한반도에서만 나는 것이 아니듯 한국만의
음식사는 불가능하다고 생각하며, 지구사(global history)의 관점에서 한반도 음식의 역사를 이 책에서 펼쳐 보이려 노력했다.
주요 저서로 《그림으로 맛보는 조선음식사》, 《음식을 공부합니다》, 《백년식사》 등이 있다.

그린이 🌱 서영아

한국예술종합학교에서 조형 예술을 전공하였다. 거리에서 마주친 동물들을 주제로 2007년에 첫 번째 개인전 〈길에서 만나다〉를 열었다.
요즘은 주로 일러스트레이션 작업을 한다. 음식을 좋아한다. 음식을 찾아다니는 것도 즐겁고, 음식의 역사를 아는 것도 즐겁고,
음식을 보고 그리는 것도 즐겁다. 그래도 맛있는 음식을 먹을 때가 가장 즐겁다. 《딸랑딸랑 딸랑곰》, 《해리엇》, 《구멍 난 벼루》,
《무엇이든 세탁해 드립니다》, 《마주 보는 세계사 교실》, 《나는 강아지 날개》 등 여러 책에 그림을 그렸다.

 작은 역사 셋
밥상을 차리다
ⓒ 주영하, 서영아, 최정선 2013

초판 1쇄 발행 2013년 5월 15일 | 초판 9쇄 발행 2023년 3월 24일
기획 최정선 | 글 주영하 | 그림 서영아 | 편집 장원정, 최정선 | 디자인 민트플라츠 송지연
펴낸이 권종택 | 펴낸곳 ㈜보림출판사 | 출판등록 제406-2003-049호 | 주소 10881 경기도 파주시 광인사길 88
전화 031-955-3456 | 팩스 031-955-3500 | 홈페이지 www.borimpress.com | 인스타그램 @borimbook | ISBN 978-89-433-0910-7 77910
이 책은 저작권법에 따라 보호받는 출판물입니다. 이 책의 내용 일부나 전부를 옮겨 싣거나 다시 쓰려면
반드시 저작권자와 출판사 양쪽의 허락을 받아야 합니다.
⚠ 주의: 책 모서리가 날카로우니 던지거나 떨어뜨리지 마세요. (사용연령 3세 이상)

한반도음식문화사

밥상을 차리다

주영하 글 ❋ 서영아 그림

# 차례

요리하는 동물 * 4

인간, 농부가 되다 * 6

밥의 탄생 * 8

장을 담그다 * 10

가장 오래된 김치는 장아찌와 짠지 * 12

고구려 귀족의 식탁 * 14

음식을 담는 도구, 음식을 먹는 도구 * 18

채식을 즐기는 고려 사람들 * 20

그윽한 차 향기 * 22

새로운 음식이 들어오다 * 24

조선의 임금은 밥상 앞에서 백성을 생각한다 * 26

먹는 것이 약이다 * 28

홍길동전의 작가 허균, 팔도의 맛난 음식을 말하다 ※ 30

고추가 들어오다 ※ 32

조선 밥상의 완성 ※ 34

계절 따라 즐기는 음식 ※ 36

사람이 먹는 것을 귀신도 먹는다 ※ 40

품위와 격식을 갖춘 궁중 잔치 ※ 42

바쁜 세상, 간편한 식사 ※ 48

밥상 위에서 만나는 세계 ※ 50

대량생산되는 음식 ※ 52

지금 우리 밥상을 생각한다 ※ 54

찾아보기 ※ 56

참고문헌 ※ 58

◀ 온종일 먹을거리를 찾아다닌다
구석기인들은 무리 지어 채집이나 사냥에 나섰다. 미리 계획을 세우고 경험 많은 지도자를 따라 움직였다. 날카롭게 날을 세운 돌도끼나 돌촉을 박은 창 찍개 등의 도구도 챙긴다. 사냥할 동굴이나 채집할 거리가 동나면 다른 곳으로 이동한다.

▲ 빙하기의 대표 동물, 털코끼리
구석기시대에는 빙하기와 간빙기가 오갔기 때문에 한반도 일대에는 털코끼리·동굴곰·검치호랑이처럼 추운 지방에 사는 동물, 넓적큰뿔사슴·쌍코뿔이·물소·하이에나·원숭이처럼 더운 지방에 사는 동물이 모두 살았다.

▶ 불에 달군 돌과 동물 내장 냄비로 요리하기
동물의 위장은 주머니 모양이다. 여기에 먹을거리와 물을 넣고, 돌멩이를 불에 달구어서 넣어 둔다. 이렇게 하면 따끈하고 맛있는 국물 음식이 된다. 설렁탕의 원조라고 하는 몽골 음식 슐루도 비슷한 방법으로 만든다.

먹을 수 있다면 뭐든 먹는 잡식동물
사람은 그리 힘센 동물이 아닙니다. 호랑이나 치타처럼 이빨이나 발톱이 날카롭지도 몸이 날래지도 않습니다. 그래서 사람의 조상들은 무리를 지어 서로 도우며 살았습니다. 물론 먹을거리를 구하는 일도 쉽지 않았어요. 날씨가 따뜻할 때는 주위를 돌아다니며 달콤한 나무 열매나 풀씨, 부드러운 풀잎과 여린 순, 풀뿌리, 꽃, 둥지에 놓인 새알 따위를 닥치는 대로 먹었습니다. 통통한 애벌레나 온갖 종류의 곤충들도 꽤 좋은 요깃거리였지요.

무리를 지어 사냥도 했지만 힘이 약해 큰 짐승을 잡기는 쉽지 않았습니다. 차라리 다른 동물들이 먹다 남긴 것이나 죽은 동물을 구하는 편이 나았어요. 사람들은 먹잇감을 따라 이리저리 옮겨 다니며 살았고, 힘센 동물들에게 잡혀 먹잇감이 되기도 했습니다.

구석기인, 사냥꾼이 되다
그러던 이들이 차차 솜씨 좋은 사냥꾼이 되었습니다. 날카로운 돌 조각이나 나무 막대기, 동물의 뼈나 뿔 따위가 사냥에 유용하다는 것을 깨달았거든요. 구덩이를 파서 동물을 유인해 빠뜨리거나 절벽으로 몰아 잡는 방법도 알게 되었고요. 처음에는 뾰족한 돌 조각이나 나뭇가지를 주워서 썼지만, 나중에는 돌을 깨뜨려 날카로운 도구와 무기도 만들었습니다. 돌도끼나 돌촉을 단 창 따위를 만들고, 멀리 있는 동물을 잡을 수 있는 활과 화살도 고안했어요.

이때가 바로 구석기시대입니다. 지금으로부터 50만 년 전에서 1만 년 전까지의 시기예요. 도구를 쓰면서 나무 열매를 따거나 식물의 뿌리를 캐는 일도 전보다 수월해졌어요. 그래도 먹을거리를 구하는 일은 여전히 쉽지 않았고 굶주리는 일도 많았습니다.

불의 발견, 요리의 시작
고기는 여름에는 상하니까 바로 먹었지만 가을, 겨울에는 얇게 잘라 말려서 오래 두고 먹었어요. 그래서 봄여름에는 주로 작은 동물을 잡고 가을, 겨울에는 큰 동물을 잡아서 고기를 동굴에 저장해 두었어요.

사람들은 차차 불을 이용하는 법도 알게 되었습니다. 불이 있으면 추위도 막을 수 있고, 불빛으로 맹수를 쫓을 수도 있어요. 불씨는 산불이 난 곳에서 구했습니다. 그러다 나무나 돌을 마찰시키면 불씨가 일고, 불씨를 마른 풀에 붙이면 꺼지지 않고 탄다는 사실도 깨달았지요.

불을 발견하면서 식생활에도 큰 변화가 생겼습니다. 이제껏 날것으로 먹던 음식을 불에 익혀 먹게 된 거예요. 불에 익힌 음식은 날것보다 부드럽고 맛도 좋고 소화도 잘되었어요. 날고기를 먹어서 생기던 병에도 덜 걸렸으니 수명도 길어졌지요.

구석기인의 요리법
음식을 불에 익히면서 요리법도 생겼습니다. 고기나 딱딱한 알뿌리를 직접 불에 구우면 겉은 타고 속은 잘 익지 않아요. 그러니 여러 가지 방법을 짜낸 거예요. 고기를 돌판에 올려놓고 밑에서 불을 지펴 굽기도 하고, 고기를 진흙으로 감싸서 툴구덩이에 넣어 익히기도 했어요. 달군 돌을 간 구덩이에 먹을거리를 넣고 물을 부어 찌기도 했고요. 동물의 배를 갈라서 살코기와 딱딱한 식물 뿌리 등의 먹을거리와 물을 넣고, 뜨겁게 달군 돌을 넣어 두면 맛있는 국물이 만들어졌지요.

뜨거운 음식을 먹으면서 그릇도 필요해졌습니다. 나무토막의 속을 파내거나 긴 나뭇잎을 둥글게 싸서 그릇으로 삼았어요. 동물 뼈로 익힌 고기를 자르거나 꼬치에 꽂아 먹기도 했지요. 그리고 이렇게 함께 불을 이용하여 요리하고 음식을 나누는 무리가 가족이 되었습니다.

따듯해진 날씨와 정교해진 도구

시간이 흘러 지금으로부터 약 1만 년 전쯤이 되자 빙하기가 끝났습니다. 한반도 날씨는 지금처럼 따뜻해졌어요. 사람들은 동굴에서 나와 물이 있는 강가나 바닷가에 자리를 잡았습니다. 그래도 겨울에는 여전히 추웠고 짐승들의 습격도 두려워서 땅을 파고 움집을 지었어요. 집 안 한복판에는 화덕을 마련하여 난방을 했습니다. 겨울이 지나면 바깥에 따로 요리용 화덕도 만들었어요.

돌을 갈아서 전보다 훨씬 정교하고 쓰임새가 다양한 석기도 만들었습니다. 딱딱한 열매를 갈 수 있는 갈돌과 갈판을 만들고, 풀 줄기로 바구니를 엮고, 빗살무늬토기 같은 그릇도 만들었어요. 진흙을 돌돌 말아서 밑이 뾰족하게 만든 뒤, 덩어리가 서로 엉키도록 선을 죽죽 그어 불에 구운 것이 빗살무늬토기예요. 이 시기가 신석기시대입니다.

음식물 쓰레기가 말해 주는 것

강가나 바닷가에 자리 잡은 사람들은 물고기나 조개를 잡아서 구워 먹었습니다. 당시 사람들이 남긴 조개무지를 살피면 무엇을 즐겨 먹었는지 알 수 있어요. 굴·전복·소라·바지락·백합 따위 조개류의 껍데기, 도미·삼치·붕장어 같은 물고기 뼈, 돌고래·바다표범·물개 뼈가 조개무지에서 나왔습니다. 신석기인들은 통나무의 속을 파서 배를 만들어 타고 바다에 나가 작살로 고래를 잡았어요. 고래는 고기 맛도 좋지만, 고래 한 마리면 일 년을 넘게 불을 지필 기름이 나왔지요.

어떤 조개무지에서는 노루·사슴·산토끼·멧돼지·너구리·꿩·오리·갈매기 그리고 개와 닭 뼈도 나왔습니다. 이때는 개와 닭 같은 동물은 길들여서 가축으로 길렀어요. 산이나 들에서 나는 채소도 먹었습니다. 지금도 우리가 즐겨 먹는 무·마·토란·가지·부추·갈래·씀바귀·고사리·머위 따위는 오래 전부터 한반도에서 자라던 식물이었답니다.

갈돌로 가루를 내어 토기에 끓인 범벅

신석기시대 한반도에는 온갖 나무가 자랐는데, 특히 도토리나 밤이 열리는 참나뭇과 나무가 많았습니다. 가을이면 사람들은 도토리와 밤을 주웠어요. 도토리는 탄수화물이 많지만 떫은맛이 나는 게 흠입니다. 껍질을 까서 물에 담가 두면 떫은맛이 줄어요. 이를 조각 내어 갈돌로 갈아 가루를 냅니다. 토기에 가루와 물을 넣고 화덕에서 끓이며 열심히 저으면 뻑뻑한 범벅이 되지요. 식히면 묵처럼 덩어리가 되고요.

가을 들판에는 조·수수·기장 같은 야생 곡물도 무리 지어 자랐습니다. 사람들은 한쪽 면을 곱게 간 반달 모양 돌칼로 낟알을 훑어 바구니나 토기에 담았어요. 이렇게 모은 낟알도 가루를 내어 끓이면 역시 뻑뻑한 범벅이 됩니다. 흙냄새가 배고 흙가루도 섞여서 맛은 없었을 테지만 신석기인들에게는 유용한 먹을거리였을 것입니다.

자연을 관찰하여 농사를 시작하다

사람들은 야생 곡물을 관찰하여 언제 익는지를 알아내고, 때가 되면 근처에 머물며 수확했습니다. 그러다가 낟알을 남김없이 훑어 내면 다음 해 수확이 준다는 사실을 알아차렸어요. 마침내 사람들은 땅에 떨어진 낟알에서 싹이 트고 다시 곡식이 열린다는 이치를 깨달았지요. 땅에 구멍을 파고 낟알을 심으면 더욱 잘 자란다는 것도 알게 되었고요.

사람은 식물을 오랫동안 관찰한 끝에 씨앗을 심고 가꾸어서 곡식을 거두는 방법을 알아냈습니다. 곡식 한 알을 심으면 수십 배가 열렸고, 또 곡식은 쉽게 상하지 않으니 오래 보관하기도 좋았어요. 식량을 확보하기에 이보다 더 믿음직한 방법은 없었지요. 이렇게 해서 사람은 농부가 되었습니다. 농사를 짓고 가축을 기르며 사람은 스스로 먹을거리를 생산하기 시작했습니다.

▲ **저장·조리 도구와 요리법의 발달**

썩거나 타지 않는 토기는 음식물의 저장뿐 아니라 조리에도 쓸 수 있다. 갈돌과 갈판으로는 단단한 열매의 껍질을 벗기거나 가루를 낼 수도 있다. 도구가 발전하며 조리법도 발전하고 먹을 수 있는 음식도 늘었다. 껍질이 딱딱한 도토리나 야생 곡물은 껍질을 벗기고 가루를 내어 끓이고, 독이 있어 날로 먹지 못하던 풀이나 뿌리는 삶거나 데치면 먹을 수 있었다.

▼ **신석기 농업혁명**

농사가 시작된 것은 신석기시대가 끝나갈 무렵이다. 그때에도 사람들은 여전히 채집이나 고기잡이, 사냥으로 먹을거리 대부분을 얻었을 것이다. 그러나 농업의 시작은 인간이 스스로 먹을거리를 생산하게 되었다는 점에서 혁명적인 변화이고, 인류의 문화는 이를 기반으로 하여 발전하였다.

밥의 탄생

잡곡의 땅 한반도와 벼농사

한반도 일대에서 농사를 짓기 시작한 때는 지금으로부터 약 5천 년 전입니다. 이 땅에서 자생하던 조나 수수, 기장, 콩, 피 따위를 재배했어요. 흔히 잡곡이라고 부르는 곡식입니다. 벼가 들어온 건 그로부터 천 년 가량이 지난 뒤예요. 원래 벼농사는 기원전 1만 년경에 중국 남부 지역에서 시작되었습니다. 벼는 다른 곡식에 비해 물이 많아야 잘 자라는 작물이지만 워낙 맛이 좋아서 다른 곳으로 쉽게 퍼져 나갔어요.

본격적으로 농사를 지으면서 많은 것이 달라졌습니다. 땅을 일구고 씨를 뿌리고 가꾸고 거두는 농사일은 여럿이 힘을 모아야 할 수 있습니다. 황무지를 개간하고 저수지를 만들려면 더욱 많은 사람이 힘을 모아야 하고요. 농사를 지으면서 마을이 커지고 조직이 생기고 우두머리가 생겼습니다. 마을의 수확을 관리하는 우두머리의 힘이 점점 커지면서, 사람들의 신분과 지위도 나뉘었습니다. 하는 일도 나뉘었지요. 무기나 농기구를 만드는 사람, 그릇 굽는 사람, 제사를 담당하는 사람도 생겼습니다.

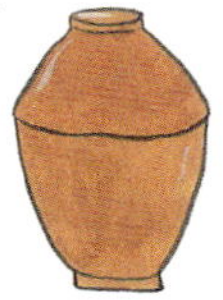

농사가 불러 온 변화

도구는 더욱 발달했습니다. 석기도 여전히 많이 썼지만 구리나 주석, 철 같은 금속을 녹여 정교한 도구를 만들었습니다. 처음에는 청동기를, 그 뒤에는 더욱 단단한 철기를 만들었어요. 이른바 청동기시대와 철기시대가 열렸습니다. 이렇게 농업을 기반으로 마을은 더욱 커지고, 마을과 마을이 합쳐지면서 고조선을 비롯한 크고 작은 나라들이 세워졌습니다.

■ 밭 갈고 씨 뿌리고
신석기시대에는 뾰족한 작대기로 맨땅에 구멍을 파고 씨앗을 뿌렸지만, 본격적인 농사가 시작된 청동기시대부터는 이랑과 고랑을 만들어 밭농사를 지었다. 땅을 파고 고르는 따비와 괭이, 돌낫 등 농기구도 다양하게 발달했다. 우리 조상들이 처음 농사를 지은 곡물은 콩·조·피·수수·기장 등으로 추정된다.

▶ 벼농사 전파 경로
벼농사는 기원전 1만 년경에 중국 남부에서 시작되어, 인도차이나 반도 북부와 인도의 서부, 이란 지역으로 전해졌다. 일부는 한반도를 거쳐 일본으로 전해졌다.
한반도에 벼농사가 시작된 건 대략 5천 년 전이지만, 충북 청원군 소로리에서는 기원전 1만 년 전의 볍씨가 발견되었다. 벼농사가 전해지기 전에 자생하던 야생 벼.

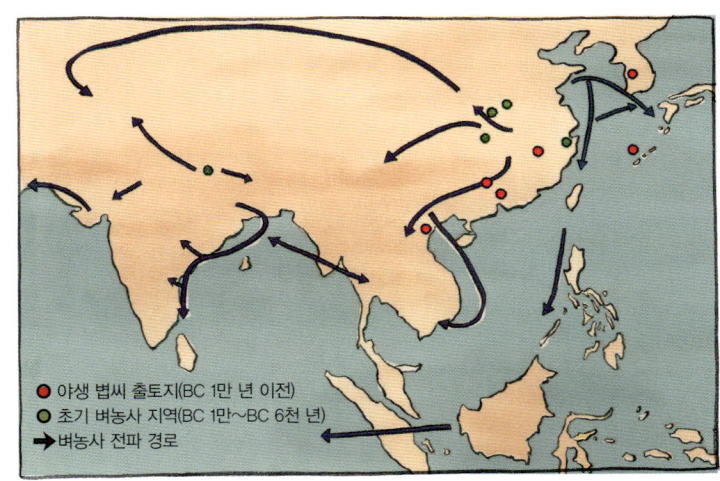

● 야생 볍씨 출토지(BC 1만 년 이전)
● 초기 벼농사 지역(BC 1만~BC 6천 년)
➤ 벼농사 전파 경로

살림집은 이제 땅 위로 올라왔습니다. 평평한 땅에 긴 사각형으로 터를 잡고 높게 지었어요. 집 안에 음식을 조리하는 화덕을 만들어서 겨울에는 난방도 겸했습니다. 땅을 파서 토기를 묻고 그 속에 말려 둔 채소 이파리나 뿌리를 저장했어요.

가을에 수확한 곡식은 잘 말려서 바깥에 따로 지은 다락창고에 보관했습니다. 습기가 차면 곡식이 썩을 테니 바람이 잘 통하도록 원두막처럼 높이 지은 창고입니다. 곡식을 쓿거나 빻을 때는 절구나 디딜방아에 넣고 한꺼번에 많은 양을 찧었어요. 곡식이 가장 중요한 먹을거리가 되었으니 갈무리하고 손질할 곡식의 양도 그만큼 늘었습니다.

알곡을 통째로 익히다

곡물이 주식이 되면서 먹는 방법에도 변화가 생겼습니다. 전에는 곡물을 가루 내어 토기에 넣고 뻑뻑한 범벅을 끓였지만, 이때는 시루를 많이 썼습니다. 시루는 증기를 이용하여 음식을 찌는 도구여요. 토기와 비슷하지만 바닥에 구멍이 있습니다. 시루 구멍으로 음식이 빠져나가지 않도록 짚 따위를 엮어 바닥에 깔아요. 요즘은 시루에 곡식 가루를 담아 떡을 찝니다. 하지만 이때는 껍질 벗긴 알곡을 물에 불렸다가 시루에 넣고 쪄서 밥을 지었을 가능성이 많아요. 물론 시루로 찐 밥은 솥으로 지은 밥보다는 차지지 않아요. 적어도 지금으로부터 1천 5백 년 전까지는 밥은 시루에서 쪘습니다.

그러다 쇠솥으로 밥 짓는 법을 알게 되었어요. 쇠솥은 높은 열을 견디고 한번 달궈지면 잘 식지 않아요. 솥뚜껑이 무거워서 솥 안의 압력이 높아져 곡물이 차지게 익지요. 솥은 딱딱한 알곡을 뜸이 잘 들어 촉촉하고 차진 밥으로 바꾸었습니다. 쌀보다는 조나 보리, 콩, 수수로 지은 밥을 더 많이 먹었지만요. 밥이 주식이 되면서 국이나 반찬을 같이 먹는 식단도 자연스럽게 자리를 잡았습니다. 그래야 밥을 더 맛있게 먹고, 부족한 영양소도 보충할 수 있으니까요.

◀ **모양도 재료도 다양한 삼국시대 솥**
왼쪽은 평양에서 출토된 1세기경의 쇠솥으로 이제까지 나온 쇠솥 가운데 가장 오래된 것이다. 그 옆은 흙으로 빚어 구운 토제 솥이고, 세 발 달린 솥은 이동식 화덕에서 쓰는 것으로 청동 솥이다

조리 도구와 가공 기술에 따라 음식도 바뀐다

신석기시대 토기와 화덕, 범벅

갈돌과 갈판으로 곡식을 갈면 낟알이 껍질째 부서지며 가루가 된다. 절구를 쓴다 해도 기장이나 수수, 조 같은 곡식은 벼와 달리 껍질을 벗기려면 알맹이가 부서지기 쉽다. 게다가 신석기시대의 토기와 화덕으로는 높은 온도로 끓일 수도 없다. 그러니 만들 수 있는 음식은 거친 곡식 가루에 물을 조금 부어 대충 끓인 뻑뻑한 범벅이다.

청동기시대 시루와 부뚜막, 떡

청동기시대에는 단단한 재질의 토기와 음식을 수증기로 찌는 시루, 화력 손실을 줄여 주는 부뚜막이 등장했다. 시루로는 곡식 가루를 쪄서 떡을 만들 수도 있고 알곡을 쪄서 밥을 만들 수도 있다.

철기시대 쇠솥과 부뚜막, 밥

높은 열과 압력을 견디는 쇠솥은 알곡을 무르게 익힐 수 있다. 또한 쌀은 껍질을 벗겨도 단단한 알맹이가 남는다. 껍질 벗긴 쌀을 솥으로 삶은 것이 밥이다. 벼농사를 짓기 전에는 대개 잡곡으로 만든 범벅이 주식이었지만, 벼농사를 지은 뒤로는 귀족들은 쌀밥을 주로 먹었다.

우리나라를 비롯해 쌀을 주식으로 하는 문화권에서는 밥을 먹지만, 밀 문화권에서는 국수나 빵을 먹는다. 이는 곡물 자체의 특성 때문이다. 쌀과는 달리 밀은 껍질이 강하고 알맹이는 무르니 가루를 내어 음식을 만드는 방식으로 발전한 것이다.

장을 담그다

■ **바닷물로 소금을 만들다**
바닷가에 구덩이를 파고 소금 우물을 만든다. 나무로 벽면을 쌓고, 바닥에는 모래를 깐다. 여기에 바닷물을 부어 두면, 햇볕에 수분이 증발하면서 농도가 진해진다. 진해진 바닷물을 끓여 만든 소금이 자염(煮鹽)이다. 오늘날처럼 염전에 바닷물을 가둬 햇볕과 바람으로 말리는 천일염은 일제강점기인 1907년부터 시작되었다.

4천 년 전 바닷가 마을 사람들

지금으로부터 4천 년 전, 평안남도 온천군 바닷가 궁산마을에 살던 사람들은 돌이나 동물 뼈로 농기구를 만들어 농사를 지었습니다. 바닷가 마을답게 그물을 엮어 물고기도 잡았어요. 집은 땅을 파서 움집을 지었고, 움집 중앙에는 화덕을 두어서 음식을 끓이고 난방도 했어요.

화덕 가까이에는 작은 항아리를 놓아두고, 바닷가에서 뜯어온 해초를 물이 뚝뚝 떨어지는 채로 넣었습니다. 겨울이라 화덕에는 늘 불이 활활 타올랐지요. 며칠이 지나자, 항아리에 넣어 둔 해초에 하얀 가루가 피었습니다. 이 가루를 긁어모았다가 음식을 할 때 조금씩 넣으면 다들 맛있다고 야단이었어요. 이 하얀 가루가 바로 소금입니다. 소금이 든 항아리는 언제나 움집 화덕 가까이에 두었습니다. 자칫하면 녹아버리니까요.

우리 몸에 꼭 필요한 소금

농사를 지으면서 사람들은 음식에 소금을 넣어야 맛있다고 여기게 되었습니다. 우리 몸이 제 기능을 하려면 일정한 양의 염분이 꼭 필요한데, 염분이 거의 없는 곡물을 전보다 많이 먹으니 소금을 더 먹으려고 자연스레 입맛이 바뀐 거예요. 소금은 없어서는 안 될 중요한 조미료가 되었습니다.

바닷물에서 수분을 증발시키면 소금이 나옵니다. 육지에서도 소금이 납니다. 원래 바다였다가 육지로 바뀐 소금 호수도 있고, 바닷물이 육지에 갇혔다가 수만 년이 지나 바위처럼 굳어진 소금 바위도 있습니다. 하지만 한반도에는 소금 호수나 소금 바위가 없었어요. 그러니 바닷물로 소금을 만들 수밖에 없었지요. 햇볕으로 졸이고, 장작불로 끓여 소금을 만드는 일은 시간도 오래 걸리고 몹시 고생스러웠습니다. 어렵게 소금을 만들어도 습기가 닿으면 금세 녹았고요. 소금은 구하기도 보관하기도 어려운 것이었습니다.

 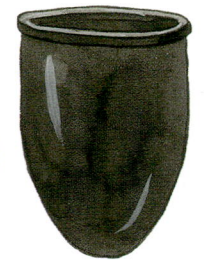

▶ **소금을 끓이는 쇠솥**
바닷물을 끓여 자염을 만들 때는 쇠솥을 썼을 것이다. 토기로는 진한 소금물을 넣고 끓여도 자염이 쉽게 만들어지지 않는다. 왼쪽은 가야, 오른쪽은 신라의 쇠솥이다.

■ 지역 따라 달라지는 장
우리나라를 비롯한 중국, 일본 등 동북아시아는 콩으로 장을 담그지만, 생선이 많이 나는 동남아시아는 베트남의 느억맘처럼 액젓과 비슷한 생선장, 즉 어장을 담가 음식에 맛을 낸다. 우리나라 젓갈, 젓국도 어장이다. 우리나라는 콩으로 만든 두장과 어장을 함께 먹는 지역이다. 향신료가 많이 나는 인도 등 남아시아에서는 여러 가지 향신료를 이용하여 커리를 만든다.

콩과 소금이 빚어 낸 조화로운 맛

황해도 안악군 오국마을은 하룻길이면 바닷가에 닿습니다. 바닷가 마을에서는 여름 햇볕이 쨍쨍 내려 쪼일 때면 바닷물을 얕은 웅덩이에 담아 두어 진한 소금물을 만듭니다. 오국마을 사람들은 이 소금물을 구해다 화덕 곁의 항아리에 부어 두었습니다. 가을이 되면 추수한 콩을 삶아서 절구로 으깨 돌덩어리 모양으로 빚었고요. 이것이 메주입니다.

메주를 볏짚에 싸서 매달아 둡니다. 겨울 동안 노랗던 메주는 새까매지고, 항아리 속 소금물은 진해집니다. 봄이 오면 항아리에 메주를 넣고 볕이 잘 드는 곳에 둡니다. 낮에는 뚜껑을 열고, 밤에는 뚜껑을 닫아요. 백일쯤 지나자 소금물이 까맣게 변했습니다. 맛은 짜면서도 달고 구수했지요. 음식에 넣으면 간도 잘 맞고 소금을 넣을 때보다 맛도 더 좋았어요. 이것이 바로 간장입니다. 간장은 오래 두어도 상하지 않아 보관하기도 좋았습니다. 남은 메주 찌꺼기는 절구로 으깨어 먹었지요. 된장입니다.

장은 우리 음식의 맛을 결정하는 기본 조미료

우리 조상들이 언제부터 장을 담갔는지는 분명하지 않습니다. 한반도 일대가 콩의 원산지이니 일찍부터 담갔으리라 짐작할 뿐입니다. 3천 년 전부터라고 추정하는 사람도 있어요. 고대 중국 문헌에 고구려 사람들이 콩으로 간장을 잘 담근다는 내용이 있고, 멧돼지를 간장에 절여 구운 맥적이라는 고구려 음식이 널리 알려진 것으로 보아, 삼국시대에 이르면 장이 두루 쓰였으리라 짐작됩니다.

통일신라 신문왕이 683년에 왕비에게 보낸 혼인 예물 목록을 보면 간장과 메주가 나옵니다. 여전히 간장은 귀한 조미료였고 메주도 마찬가지였지요. 소금이 귀하니 간장도 메주도 비쌌어요. 그 뒤로 소금 만드는 기술이 발달하면서 집집마다 간장을 담그게 되었습니다. 한반도에 사는 사람은 누구나 간장과 된장으로 국이나 나물, 찜, 조림의 간을 맞추었어요. 장만 있으면 어떤 재료로도 맛을 낼 수 있었습니다. 장은 소금을 보관하는 문제를 해결했을 뿐만 아니라, 발효 과정에서 생긴 독특한 풍미로 구수하고도 깊은 맛을 냈어요. 장은 우리 음식의 맛을 결정하는 기본 조미료가 되었습니다.

■ 간장은 언제부터 등장했을까?
우리 조상들이 어떻게 장을 담갔는지는 분명하지 않다. 아마 청동기시대에는 삶은 콩에 진한 바닷물이나 소금을 뿌려 반죽했을 것이다. 당시 토기는 화분처럼 물이 배어나 물기 많은 것은 오래 두기 어려웠다. 그러니 이때의 장은 간장 같은 액체가 아니라 짜고 질척한 메주나 짠 된장과 비슷했을 것이다. 물이 배어나지 않는 경질 토기가 삼국시대에 등장한 뒤에야, 메주에 소금물을 부어 국물을 내는 간장을 만들 수 있었다.

가장 오래된 김치는 장아찌와 짠지

■ 차곡차곡 겨울 준비
겨울을 나려면 먹을거리를 든든히 저장해 두어야 한다. 땅속 움집에 먹을거리를 두면 얼지 않아 좋았다. 말린 나물거리들을 차곡차곡 갈무리하고, 짠지나 장아찌도 가을에 미리 담가서 물이 새지 않는 경질 토기에 담아 둔다.

채소를 구하기 어려운 한반도의 겨울

곡식으로 밥을 지어 먹으면서 반찬으로 채소가 매우 중요해졌습니다. 봄에는 산이나 들에서 파릇파릇 돋아나는 나물을 뜯어다가 간장, 된장으로 간을 하여 조리하면 맛있는 반찬이 되었습니다. 여름이나 가을에는 갈무리해 둔 채소 씨앗을 밭에 뿌려서 그때그때 길러 먹으면 되었고요. 집집마다 집 근처에 텃밭을 가꾸어서 채소를 길렀습니다.

문제는 채소가 나지 않은 겨울이었어요. 더욱이 한반도 북쪽 지방은 겨울이 6개월 가까이 되었거든요. 사람들은 가을에 많이 나는 무를 캐서 얼지 않게 겨우내 땅에 묻어 두었다가 하나씩 꺼내 음식을 만들었어요. 채소를 다듬어서 말려 두었다가 물에 불려서 삶아 먹기도 했고요. 말리기는 채소뿐 아니라 상하기 쉬운 고기나 생선을 보관하기에도 가장 만만한 방법이었지요. 그러나 채소를 말렸다가 먹으면 채소 특유의 아삭아삭한 맛은 기대할 수 없었습니다.

채소를 소금에 절이다

그래서 고안해 낸 방법이 채소를 소금물이나 간장, 된장에 절이는 것이었어요. 채소를 소금물이나 장에 절이면 채소에서 수분이 빠져나가고 대신 소금기가 배어듭니다. 짠맛이 강하기는 하지만 아삭거리는 맛이 살아 있고, 무엇보다 오래 두고 먹을 수가 있습니다. 이렇게 만든 반찬이 장아찌와 짠지입니다. 채소를 간장이나 된장 따위의 장에 절이면 장아찌, 소금물에 절이면 짠지예요.

이것이 바로 우리나라 김치의 시작입니다. 가장 오래된 김치라고도 할 수 있어요. 소금으로 장을 담그면서부터 짠지와 장아찌도 담갔을 테니, 장아찌와 짠지의 역사는 상당히 오래 되었습니다.

장아찌나 짠지를 담그는 채소로는 여러 가지가 있지만 그 중에서도 무 종류가 손꼽힙니다. 고려시대의 유명한 문인 이규보가 쓴 《동국이상국집》이라는 책에는 텃밭의 채소에 대해 읊은 시가 실려 있습니다. 이 시에는 "순무를 장에 담그면 여름 내내 먹기에 매우 마땅하고, 소금에 절이면 긴 겨울을 잘도 견딜 수 있네." 하는 내용이 나옵니다. 여름에는 무장아찌, 겨울에는 무짠지가 요긴한 반찬이었다는 것을 알 수 있습니다.

무·죽순·외·
그사리·가지 짠지

오이·마늘·아욱
장아찌

죽순·도라지
술지게미 절임

순무 장아찌

▲ 오늘날의 김치와는 다른 삼국시대 김치
온갖 양념을 넣는 오늘날의 김치와는 달리 삼국시대의 김치는 채소를 소금물이나 간장, 된장에 절인 것이다. 술을 거르고 남은 찌끼인 지게미에 절이기도 한다.

저, 딤채, 침채, 김치

고려 말에 이색이라는 문인이 쓴 글에는 "개성 사람 유순이 우엉·파·무로 담근 침채장을 보내왔다."라는 내용이 있습니다. 여기서 침채장은 일종의 장김치로 보입니다. 장김치는 무·배추·오이 따위를 간장에 하루쯤 절인 뒤, 간장과 물로 국물을 만들어 담근 김치예요.

또 조선 초에 의원 전순의가 쓴 《산가요록》이라는 책에는 '침채'라는 말이 붙은 음식이 여덟 가지나 나와요. 그 중 하나인 '생총침채'는 "생파를 깨끗이 씻어 물기를 없앤 뒤, 파 한 벌에 소금 한 켜를 켜켜로 번갈아 깔아 다발을 만들어 항아리에 담고 맑은 물을 가득 부어 담근다."고 했어요.

이로 미루어 보면 침채(沈菜)라는 말은 '채소를 소금물이나 간장 물에 담갔다'는 뜻입니다. 오늘날의 김치와는 달리 양념이 들어가지 않았어요. 국어학자들은 보통 김치의 어원에 대해 이야기하며 '딤채→침채→짐치→김치'로 말이 바뀌었다고 합니다. 그러나 딤채나 침채는 오늘날의 김치와는 차이가 있습니다. 소금물이나 간장 물이 흥건한 음식을 두루 부르는 이름이었을 가능성이 많으니까요.

생선을 소금에 절이다

▶ 소금에 절이는 염장법

고기나 생선은 쉽게 상해서 오래 두고 먹으려면 말리거나 소금에 절여야 했다. 소금에 절이는 저장법은 세계 곳곳에서 두루 쓰인 방법이다. 고대 이집트에서는 양고기를, 고대 그리스와 로마에서는 생선을 소금에 절였다. 햄이나 소시지도 소금으로 고기를 절이는 방법에서 나온 음식이다.

▼ 젓갈은 귀한 음식

조개나 아주 작은 생선처럼 말리기 어려운 것은 물기가 있는 채로 소금을 뿌려 절였다. 물기가 있으니 국물도 생기고 단백질이 분해·숙성되며 맛도 좋아졌다. 발효 과정에서 맛도 좋아지고 오래 두고 먹을 수도 있게 된 것이다. 이것이 젓갈이다.

소금이 귀한 시절이니 젓갈은 매우 귀한 음식이었다. 삼국시대만 해도 왕이나 귀족이 아니면 먹기 어려운 고급 반찬이었다. 통일신라 신문왕의 혼인 예물 목록에는 젓갈도 있었다.

◀ 생선에 소금과 밥을 섞어 발효시킨 식해
소금이 귀한 지역에서 소금을 적게 넣는 대신 밥을 섞어 숙성시킨다. 곡식의 전분이 분해되어 젖산이 생기면서 생선의 부패를 막고 독특한 풍미가 생긴다.
식해는 동해안에 면한 함경도·강원도·경상도 지역에서 발달했다. 주로 명태와 가자미에 쌀밥이나 조밥을 넣어 삭힌다.

독일의
사우어크라우트

중국의
파오차이

일본의
즈게모노

◀ 김치의 형제들
—다른 나라 채소 절임
식초에 절였다는 차이가 있을 뿐 피클도 김치의 사촌이다. 양배추를 식초에 절인 사우어크라우트, 식초나 소금에 채소를 절인 파오차이, 다꾸앙으로 대표되는 즈게모노처럼 다른 나라에도 여러 가지 채소 절임이 있다.

고구려 귀족의 식탁

■ 고구려 귀족의 연회
중국 동북지방 지안에 있는 5세기 후반의 고구려 고분 무용총에 그려진 벽화다. 말굽 모양 다리를 한 상에 음식과 술, 고임 음식이 놓였고 시중드는 하인과 음식을 나르는 시녀들이 있다. 무용총은 춤추는 장면을 그린 벽화가 있어 붙은 이름이다.

무용총 벽화 속 고구려 귀족의 식탁

무용총의 연희 장면에는 주인과 손님 앞에 각자 먹을 음식상이 따로 놓여 있어요. 주인 앞의 상에는 그릇이 다섯 개입니다. 주인 가까이에 놓인 그릇이 가장 커요. 아마도 밥일 거예요. 작은 그릇들에는 반찬이 담겼을 테고요.

그런데 식탁 앞에서 시중을 드는 하인이 손에 칼을 들었습니다. 아마 고구려 사람들이 좋아하는 고기 요리, 맥적이 상에 오른 모양이에요. 맥적은 멧돼지를 간장에 절여 두었다가 마늘과 아욱으로 양념해서 숯불에 구운 것입니다. 고기에 간이 잘 배었을 뿐 아니라 구우면 맛이 고소하여 이웃 나라 중국에서도 인기였어요. 중국은 대개 고기를 그냥 굽거나 삶아서 나중에 양념을 묻혀 먹었거든요. 지금으로 보면 너비아니나 불고기와 비슷한 음식입니다. 고구려 사람들은 노루 고기, 소고기, 개고기를 두루 먹었지만 돼지고기를 가장 즐겼다고 해요.

음식 풍속이 담긴 고구려 고분벽화

고구려의 수도, 국내성이 있던 중국 지안에는 고구려 고분이 여럿 남아 있어요. 그 가운데 무용총에는 고구려 귀족의 연회 장면이 그려져 있습니다. 씨름무덤이라 불리는 각저총에는 음식상을 나르는 그림이 있고요. 황해도에 있는 안악 3호분과 평안남도의 약수리 벽화고분에도 음식 풍속과 관련된 벽화가 있습니다. 부엌에서 음식 만드는 그림, 고깃간과 우물 그림, 디딜방아가 놓인 방앗간 그림이에요. 모두 고구려 사람들의 식생활 모습을 짐작할 수 있는 좋은 자료입니다.

고구려 사람들의 주식은 조, 기장, 콩, 보리, 수수였습니다. 벼농사도 지었지만 주로 먹은 것은 차좁쌀이나 기장으로 지은 밥입니다. 벽화에 그려진 것처럼 디딜방아로 찧어서 시루에 올려 쪘을 거예요. 마를 갈아서 좁쌀 가루와 섞어 죽을 끓여 먹기도 했고요. 반찬으로는 사냥하여 고깃간에 걸어 둔 사슴, 노루, 멧돼지 같은 고기와 생선도 먹었지만 아무래도 채소를 많이 먹었습니다. 장이나 소금물에 절인 장아찌나 짠지를 많이 먹었겠지요. 고구려 사람들은 장을 잘 담그기로 유명했다고 하니, 안악 3호분의 우물 그림에 있는 주둥이 좁고 배가 부른 항아리 두 개는 간장독일 가능성이 높습니다.

▲ 사냥해 온 고기는 고깃간에 걸어 두고

고구려 벽화에는 사냥 장면이 많다. 고깃간에는 이렇게 잡아 온 사슴, 노루, 멧돼지 따위가 걸려 있다. 고기는 가죽을 벗기고 다리, 몸통 등으로 크게 잘라 간장에 절인다.

◀ 우물가에서 물 길어 설거지하고

널빤지를 두른 우물이다. 지렛대와 도르래를 이용하여 물을 긷는다. 물을 담는 구유 모양의 큰 그릇과 배부른 큰 토기도 보인다.

떡과 과일을 쌓아 올린 뜻은

식탁 위쪽에도 상이 여럿 있습니다. 발이 셋 달린 상에는 주둥이가 좁은 병이 놓였어요. 중국에서 수입한 칠기 술병입니다. 여기엔 차좁쌀로 빚은 곡아주가 담겼을 거예요.

다른 상에는 잔치 때 떡이나 과자, 과일을 층층이 쌓아 올린 고임 음식과 닮은 것이 있습니다. 밤·잣·대추 등의 과실을 차곡차곡 괸 것으로 보입니다. 이런 고임 음식에는 축하의 뜻이 담겼어요. 일본의 고대 기록에는 이런 고임 음식을 '고구려병(高句麗餠)'이라고 했어요.

예나 지금이나 잔치나 제사, 명절과 같이 특별한 때에는 떡이나 과자, 과일 따위를 빠뜨리지 않습니다. 그중에서도 떡은 대표적인 별미 음식이자 축제 음식입니다. 가야에서는 술과 떡, 차, 과일로 제사를 지냈고, 신라의 백결 선생은 설에 떡방아를 찧지 못하는 아내를 위로하려고 가야금을 뜯어 방아 소리를 냈다는 기록이 있습니다. 신라 유리왕과 석탈해가 왕위를 다툴 때, 떡을 물어 잇자국으로 나이가 많고 적음을 가렸다는 이야기도 있지요. 이로 미루어 보면 삼국시대에는 시루로 찐 떡뿐 아니라 인절미나 절편처럼 곡물을 찐 뒤 떡메로 쳐서 쫀득하게 만든 떡도 있었을 것입니다. 과실로는 한반도 일대에 자생하는 밤과 잣, 능금, 앵두를 비롯하여 대추·복숭아·감·살구·매실·오디·돌배 따위를 많이 먹었습니다. 중앙아시아에서 들어온 호두·포도·석류, 인도에서 들어온 참외도 있었어요.

◀ 면면히 이어지는 고임 음식
잔칫상이나 제사상에 떡이나 과일을 차곡차곡 괴어 올리는 풍습은 고려시대와 조선시대를 거쳐 오늘날에까지 이어진다.
위 그림은 잔칫상을 받은 조선시대 노부부, 아래는 고려 공민왕과 노국대장공주를 그린 것이다. 상마다 정성스럽게 쌓아 올린 고임 음식을 놓았고, 고임 위에 꽃을 꽂아 축하의 뜻을 더했다.

■ 고구려 사람들이 즐기던 과실은
잣, 다래, 돌배, 참외, 감, 포도, 대추, 석류, 오디, 복숭아, 밤, 호두. 대부분 요즘 것보다 크기가 작다. 참외는 초록색이며 포도는 머루에 가깝다. 삼국시대쯤 되면 가까운 중국은 물론 페르시아와 인도처럼 먼 나라 식물들도 실크로드를 통해 이미 한반도에 들어왔다.

높은 밥상, 낮은 밥상

무용총 벽화를 보면 고구려 귀족들은 의자에 걸터앉아서 굽이 높은 상에 차린 음식을 먹었습니다. 음식상은 사람마다 따로 받았고요. 그렇다고 우리 조상들이 언제나 의자에 앉아 식탁에서 밥을 먹은 것은 아닙니다. 각저총에는 고구려 여인들이 바닥에 앉아서 식사하는 그림이 있거든요. 백성들이나 날씨가 따뜻한 남쪽에서는 바닥에 앉아서 밥을 먹었을 가능성이 많습니다.

당시 중국 사람들은 바닥에 앉아서 식사를 했습니다. 공자도 납작한 도마 비슷한 상에 음식을 차려 놓고 쪼그리고 앉아 밥을 먹었어요. 중국인들은 고구려식으로 식탁에서 식사하는 것을 오랑캐 풍속이라고 생각했어요. 하지만 북방 유목민들과 교류를 계속하면서 유목민들의 음식인 밀가루로 만든 국수나 만두 따위를 즐기게 되었고 식사 방식도 배웠습니다. 결국 당나라 때에 이르면 북방 유목민의 풍속을 받아들여 중국인들도 의자에 앉아 식탁에서 식사하기 시작했지요.

통일신라나 고려 귀족들은 침상에 눕고 의자에 앉는 입식 생활을 했습니다. 당연히 식사도 넓은 탁자에 앉아서 했고요. 그러다가 온돌이 한반도 전역에 퍼지면서 조선 시대에는 방바닥에 앉는 좌식 생활이 자리를 잡아요. 식사하는 방식도 자연스럽게 따뜻한 방바닥에 앉아서 낮은 소반을 놓고 먹는 방식으로 굳어졌지요.

◀ **바닥에 앉아 상을 받은 고구려 귀족 여성**
고구려 벽화에는 바닥에 앉아 밥상을 받는 장면도 그려져 있다. 사람마다 따로 상을 받는 독상 차림이다. 두 사람 이상이 한 상을 같이 받는 모습은 보이지 않는다.

평상에 앉아 상을 받은 고구려 귀족

바닥에 앉아 상을 받은 조선 선비

바닥에 앉은 중국 후한시대 귀족

▶ **식탁에 둘러앉은 중국 당나라 귀족**
당나라 후기에는 넓은 식탁에서 여럿이 함께 식사했다. 큰 접시에 화려하게 음식을 차리고, 각자 숟가락이나 젓가락으로 음식을 덜어 먹는다.

음식을 담는 도구, 음식을 먹는 도구

숟가락과 젓가락을 같이 쓴다

고구려는 물론이고 백제와 신라 귀족들도 식사할 때 우리처럼 숟가락과 젓가락을 같이 썼습니다. 수저는 청동으로 만들었고 모양도 약간 달랐지만요. 그때는 중국이나 일본 귀족들도 모두 청동 수저로 밥을 먹었습니다. 그러다 중국에서는 송나라 때가 되면 숟가락을 쓰지 않고 젓가락만 썼어요. 국수가 주식이 되면서 생긴 습관입니다. 일본 귀족들은 공식적인 자리에서 예의를 갖출 때는 청동 수저를 쓰고, 보통 때는 나무로 만든 젓가락만 썼어요. 나무 밥그릇을 손에 들고 차진 쌀밥을 먹으니 굳이 숟가락을 쓸 필요가 없다고 생각한 것 같아요. 나중에는 숟가락을 아예 쓰지 않았어요. 시대에 따라 모양이나 재료는 바뀌었지만 한반도에서는 계속 수저를 같이 썼습니다. 국물 있는 음식과 국물 없는 음식을 같이 먹으니 수저가 모두 있어야 편리하니까요. 지금도 세계에서 유일하게 한국인만이 식사할 때 수저를 같이 씁니다. 숟가락으로는 국물이나 밥을 떠먹고, 젓가락으로는 반찬을 집지요. 수저를 같이 쓰는 것은 우리나라의 독특한 관습입니다.

조리 도구에서 비롯된 수저

어느 지역에서나 처음에는 맨손으로 음식을 집어 먹었을 것입니다. 가장 자연스럽고 가장 오래된 방법이에요. 지금도 인도를 비롯한 여러 지역 사람들이 도구 없이 맨손으로 음식을 먹습니다. 우리도 쌈을 먹을 때는 손을 쓰고, 서양 사람들도 빵을 먹을 때는 손을 씁니다. 사실 숟가락이나 젓가락, 포크, 나이프 같은 도구는 뜨겁거나 손으로 만지기 어려운 음식 때문에 고안되었어요. 청동기시대 유적지에서 나온 구멍 뚫린 조가비나 뼈 숟가락을 보면 처음에 숟가락은 주걱이나 국자에 가까운 조리 도구였으리라 짐작됩니다. 그 뒤로 차차 음식을 떠먹는 도구가 등장했어요. 젓가락은 유적지에서 숟가락보다 늦은 시기에 나옵니다. 나무로 만든 젓가락이 주로 쓰여서 그럴 거예요.

시대에 따라 수저 모양도 바뀐다

삼국시대 숟가락은 대개 청동으로 만들었고 술잎이 기름하면서 넓었어요. 손잡이도 넓었고요. 젓가락은 각이 졌지요. 통일신라 숟가락은 술잎이 넓고 둥글지만, 고려 초기 숟가락은 버들잎처럼 길쭉했습니다. 자루는 길고 휘었고요. 자루가 길어서 여러 사람이 앉는 식탁에서 멀리 놓인 음식을 덜어 올 때 요긴했을 거예요. 고려 중기가 지나면 숟가락의 자루가 곧고 두꺼워집니다. 젓가락은 아래쪽이 가늘어지고요. 숟가락이 군더더기 없이 간결해진 것은 조선 중기 이후입니다. 술잎은 둥글어지고 자루는 짧아졌어요. 저마다 밥상을 받으니 길 필요가 없었지요. 젓가락 아래쪽은 가늘고 둥글어졌습니다.

수저는 고려 때까지는 대개 청동으로 만들었지만, 조선에 들어와서는 놋수저나 은수저로 바뀌었습니다.

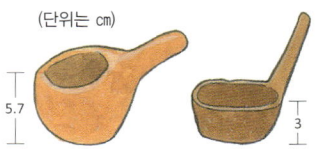

▲ 초기 철기시대 토제 국자
요즘의 숟가락 크기지만 뜨는 부분이 둥글고 깊어 밥이나 국을 떠먹기에는 불편하다. 솥에서 음식을 덜어 낼 때 썼을 것이다.

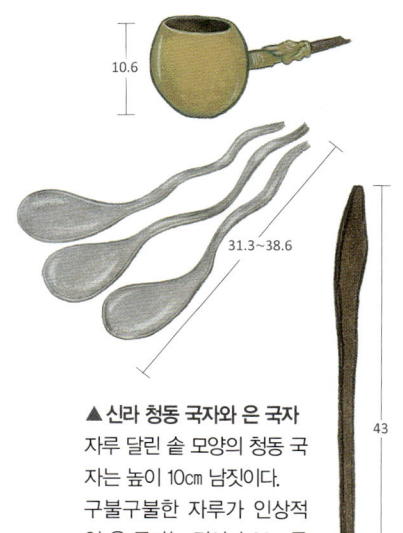

▲ 신라 청동 국자와 은 국자
자루 달린 솥 모양의 청동 국자는 높이 10㎝ 남짓이다. 구불구불한 자루가 인상적인 은 국자는 길이가 30㎝를 훌쩍 넘는다. 의례용으로 보인다.

백제 나무 주걱

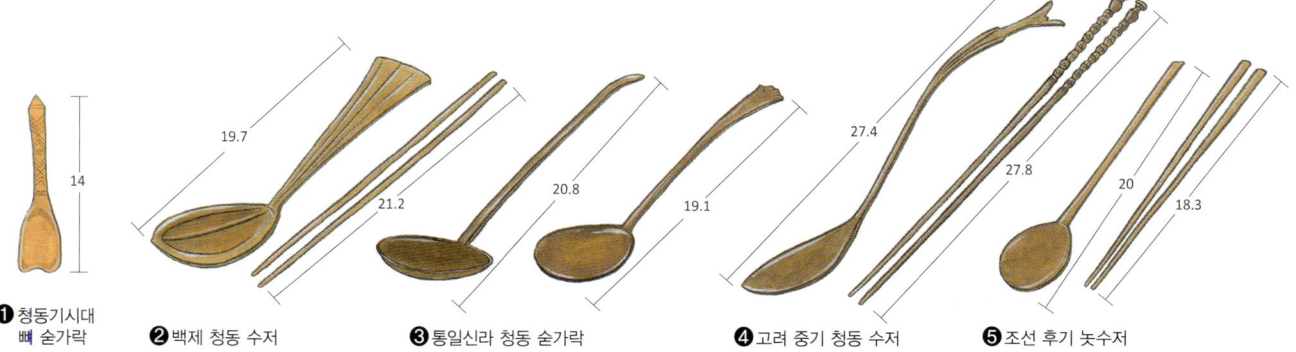

❶ 청동기시대 뼈 숟가락
❷ 백제 청동 수저
❸ 통일신라 청동 숟가락
❹ 고려 중기 청동 수저
❺ 조선 후기 놋수저

■ 시대에 따라 달라지는 수저의 모양과 크기

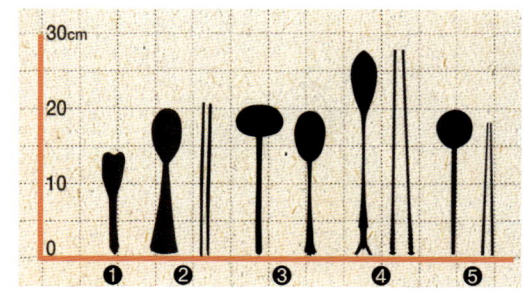

물이 배어나지 않는 토기

삼국시대에는 여러 종류의 그릇이 쓰였습니다. 흙으로 구운 토기, 나무를 깎아 만든 목기, 목기에 옻칠을 입힌 칠기도 쓰였어요. 왕실이나 귀족들의 연회에는 금이나 은그릇, 놋그릇, 서역에서 수입된 유리그릇도 쓰였고요.

가장 널리 쓰인 것은 흙으로 구운 토기입니다. 신석기시대의 빗살무늬토기나 청동기시대의 민무늬토기와는 달리 1,000℃ 가까운 높은 온도에서 구워 단단했지요. 이전의 토기들은 시간이 지나면 습기가 밖으로 배어났지만, 삼국시대 토기는 물이 새지 않았어요. 물이 새지 않고 단단한 경질 토기가 등장하면서 간장이나 젓갈, 식초, 술과 같이 국물이 많은 발효 음식을 오랫동안 보관할 수 있게 되었습니다. 물기 많은 음식을 오래 담아 두어도 흙냄새가 배거나 물이 새지 않으니 뜨거운 국을 담아 먹기에도 좋았고요.

그 뒤로 통일신라시대에 이르면 한층 발전하여 유약을 발라 구운 도기가 등장하고, 고려와 조선시대에는 청자와 백자와 같은 자기가 등장했습니다.

음식이 다양하니 그릇 모양도 다양하다

그릇의 종류도 다양해졌습니다. 갖가지 모양과 크기의 항아리와 병, 잔과 접시, 사발이나 보시기 같은 그릇이 쓰였습니다. 뚜껑이 있는 그릇도 있고, 손잡이가 달린 그릇, 구절판처럼 칸이 여럿 나뉜 그릇, 마른 음식을 올리는 도마 모양의 그릇도 있었어요. 음식을 찌는 시루도 있고, 삶거나 끓이는 솥도 있었지요. 조리 도구와 그릇이 다양해진 것은 조리법과 음식의 종류 또한 다양해졌다는 것을 뜻합니다.

굽이 달린 그릇도 많았습니다. 다리가 달린 그릇은 고배 또는 굽다리접시라고 부르는데 제사용 그릇이 많습니다. 보통 접시나 사발 같은 몸체에 원통이나 원추 모양의 다리가 달렸어요. 뚜껑이 있는 것도 있고 흙으로 빚은 인형인 토우 장식이 달린 것도 있어요. 지금과는 달리 밥상이 높지 않으니 굽다리접시에 음식을 담으면 높이가 높아져서 식사하기가 편했을 거예요.

채식을 즐기는 고려 사람들

고사리 / 취 / 도라지 / 무 / 가지 / 민들레 / 원추리 / 토란대 / 산마늘 / 족두리풀 / 오이풀 / 쇠비름 / 민들레 / 우엉

■ 고려 사람들이 즐겨 먹던 나물

지금 우리가 즐겨 먹는 우엉, 토란, 더덕, 연근, 오이, 파, 아욱, 가지, 죽순, 표고버섯, 순무 등을 고려 사람들도 즐겨 먹었다. 고려 고종 때 간행된 《향약구급방》에는 멧미나리, 창포, 오이풀, 쑥, 쇠비름, 쇠귀나물, 자리공, 도꼬마리, 모싯대, 인삼, 국화, 쇠비름, 동아, 파, 질경이, 족두리풀, 으름도 나온다. 약재로도 반찬거리로도 다양하게 쓰였다.

불교와 채식

불교는 삼국시대에 전해져서 통일신라 때 널리 퍼졌습니다. 고려시대에는 불교가 국교였어요. 고려 왕실은 제사를 지낼 때도 불교의 가르침에 따라 음식을 장만했습니다. 보통 불교는 육식을 금한다고 생각해요. 그러나 원래 불교의 가르침은 생명이 있는 동물을 죽이면 안 된다는 것입니다. 고기를 먹지 말라는 금기는 없었어요. 동남아시아 스님들은 육식을 해요. 육식을 금하는 풍속은 불교가 중국에 전해지고 나서 한참 뒤인 6세기경에 만들어져서 중국과 한반도, 일본으로 퍼졌어요.

불교를 믿던 고려 사람들은 가능하면 육식을 피하려고 했습니다. 그러다 보니 채소 음식이 다양하게 발달했어요. 고려 후기의 문인 이규보는 텃밭 채소에 대한 시를 썼습니다. 시에는 오이·가지·순무·파·아욱·박이 나와요. 이 채소들을 날로 먹고, 삶아 먹고, 절여 먹고, 국도 끓여 먹는다고 했어요. 고려 사람들은 미나리·고사리·우엉·쑥갓·상추 따위 채소도 즐겨 먹었고, 산이나 들에서 나는 쑥·멧미나리·창포·오이풀·쇠비름·소귀나물·질경이 같은 나물도 많이 먹었어요. 다시마나 미역과 같은 해초도 빠뜨리지 않았고요.

밥, 국, 반찬—한국 음식의 기본 구조가 완성되다

고려 사람들은 채소로 국을 끓여 먹는 것도 좋아했습니다. 승려가 아니면 고깃국도 먹었어요. 고기 맛이 나는 토란국도 즐겨 먹었고, 아욱·다시마·미역으로도 국을 많이 끓였어요. 특히 미역국을 많이 먹어서 중국 사람들이 미역국을 고려 국이라고 불렀대요. 고려 사람들은 국을 쌀밥이나 기장밥·보리밥·조밥과 함께 상에 올렸어요. 국을 먹기 시작한 것은 아주 오래전부터지만 밥과 국을 반드시 함께 먹는 한국 음식의 기본 구조는 고려시대에 완성되었다고 할 수 있어요.

귀족들은 반찬으로 젓갈을 많이 먹었습니다. 서해안에서 많이 잡히는 대합·백합·바지락 같은 조개로 담근 젓갈이 인기였어요. 육식을 피하는 사람들도 조개는 동물이라고 생각하지 않아서 거리낌 없이 먹었어요.

나물은 언제나, 누구나 즐겨 먹었습니다. 나물을 조리할 때는 참기름이나 들기름을 썼어요. 나물 가운데서도 미나리와 고사리, 아욱은 왕실의 제사에도 반드시 올리는 중요한 나물이었습니다.

집 안 채마밭의 여섯 노래 (家圃六詠)

이규보[1]

오이(瓜) 텃밭의 오이는 물 안 줘도 많이 달렸네
옅은 노란 꽃 사이로 보이는 잎이 푸르네
가장 사랑스럽기는 덩굴이 다리도 없이 뻗어 가
높고 낮은 데를 가리지 않고 주렁주렁 매달리는 것이네

가지(茄) 물결치는 자줏빛에 붉은빛도 보이나 늙으면 어찌하리
꽃 보고 열매 먹으니 가지만 한 것이 없네
밭이랑에 가득한 푸른 알과 붉은 알
날로 먹어도 삶아 먹어도 그 맛이 모두 좋네

순무(菁) 장에 담그면 여름 내내 먹기에 매우 마땅하고
소금에 절이면 긴 겨울을 잘도 견딜 수 있네
뿌리는 땅 밑에 휘감겨서 약간 통통한데
서리가 내릴 때 칼로 자르면 그 모양이 배와 비슷하네

파(蔥) 고운 손처럼 가지런히 모여 수북하게 많네
아이들은 이것으로 악기처럼 부는데 마치 통소를 닮았네
술자리에서는 안주 구실뿐만 아니라
비린 국에 썰어 넣으면 그 맛이 더욱 좋네

아욱(葵) 공의휴[2]가 뽑아 버린 건 이익 다투는 일을 꺼려서고
동중서[2]가 돌보지 않은 건 책을 읽기 위해서였네
재상 그만 두어 일 없는 사람이야
잎 죽죽 뻗은들 무슨 상관이 있겠나

박(瓠) 쪼개서 바가지로 만들어 물을 뜨니
얼음물같이 차고
호리병 만들어 술을 담으니 옥같이 맑네
펑퍼짐하니 크기만 하고 아무 소용이
없다고 걱정할 필요 없네
어지간히 커지기 전에 삶아 먹으면 좋으니까

---

[1] 이규보는 고려 후기의 문신이자 뛰어난 문장가다. 고구려의 시조 주몽을 민족의 영웅으로 내세운 영웅 서사시 '동명왕편'을 비롯하여 여러 문학 작품을 남겼다. 문집으로 《동국이상국집》이 있다.
[2] 공의휴는 중국 춘추시대 노나라의 재상이고, 동중서는 중국 한나라 때의 대학자다.

그윽한 차 향기

고려청자에 담긴 연둣빛 차

고려시대에는 차 마시는 풍습이 널리 퍼졌습니다. 통일신라 때 들어온 차는 원래 스님들이 즐기던 것이었는데 점차 귀족들도 즐기게 되었어요. 팔관회와 같은 중요한 국가 제사 때도 빠뜨리지 않고 차를 올렸고요. 차를 올리는 제사에서 나온 말이 바로 '차례'입니다. 고려에는 국가 행사에 쓸 차를 관리하는 '다방'이라는 관청도 있었고, 오늘날의 찻집과 같은 '다점'도 있었습니다.

고려 사람들이 마신 차는 요즘의 잎차와는 달랐습니다. 찻잎을 찧어 떡살에 넣고 찐은 떡차가 많았어요. 차를 마시려면 떡차를 맷돌로 곱게 갑니다. 가루와 뜨거운 물을 다완이라 부르는 사발에 붓고, 솔로 휘저어 뽀얗게 거품을 일으켜 마십니다. 향이 그윽하고 색은 고운 연둣빛에 맛은 부드러웠어요. 이렇게 마시는 방법이 '다유'입니다. 뽀얗게 거품이 난 모습이 젖과 같다고 붙은 이름이에요. 구름이나 눈처럼 거품이 일었다고 운유, 설유라고도 합니다. 비췻빛 고려청자 다완에 마시면 더욱 운치가 있어요.

거친 덩이차나 잎차를 끓여서 걸러 마시는 것은 '다탕'입니다. 다탕은 다유보다 만들기가 간편하고, 적은 양의 차로 많은 사람이 마실 수도 있었어요.

■ 왕이 손수 차를 만들어 올리는 차례
고려 왕실의 제사는 불교식과 유교식으로 지냈다. 불교식 제사상에는 차와 유밀과, 과일, 향을 올린다. 팔관회에서 가장 중요한 행사도 왕이 조상인 역대 왕들에게 올리는 차례다. 왕이 직접 덩이차를 맷돌로 갈아 차를 만들어 바쳤다.

차와 함께 즐기는 과자, 다식

다과라고 하여 차를 마실 때는 과자나 떡을 곁들였습니다. 다식은 소나무 꽃가루인 송화, 콩가루, 검은깨 가루, 녹말가루 따위를 꿀로 반죽하여 틀에 찍은 것입니다. 유밀과는 불교식 제사상에 생선이나 고기 대신 올리는 과자예요. 밀가루와 꿀을 반죽하여 식물성 기름에 지진 것으로 약과나 강정 따위가 있어요. 당시에 유밀과가 얼마나 인기였는지 기름과 꿀이 동나는 바람에 나라에서 유밀과 금지령을 내린 적도 있었대요.

떡으로는 율고가 유명했습니다. 밤 가루와 찹쌀가루를 꿀물로 반죽하여 시루에 찐 것입니다. 멥쌀가루에 감과 대추를 넣어 찐 설기떡, 멥쌀가루에 어린 쑥을 섞어 찐 쑥떡, 경단도 고려 사람들이 즐겨 먹은 떡입니다. 찹쌀에 대추·밤·잣을 넣고 쪄서 참기름과 꿀, 간장으로 버무린 약식도 먹었어요. '약' 자가 붙은 것은 꿀이 들어갔기 때문입니다. 약과도 꿀을 넣은 과자예요. 고려시대에는 차 마시는 풍습과 더불어 과자와 떡이 다양하게 발달했습니다.

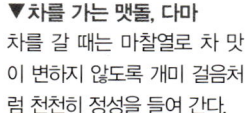

▼ 차를 가는 맷돌, 다마
차를 갈 때는 마찰열로 차 맛이 변하지 않도록 개미 걸음처럼 천천히 정성을 들여 간다.

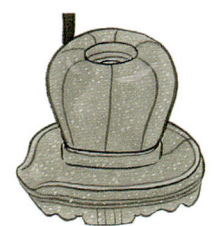

▲ 차를 굽는 청자 화로
덩이차를 마시려면 먼저 숯불에 살짝 굽는다. 향이 날아가지 않도록 종이에 싸서 잘 봉하고 식으면 맷돌로 갈아 가루를 낸다.

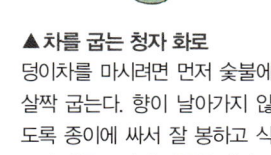

▲ 고려는 청자의 나라
청자는 철분이 섞인 백토로 빚어서 철분이 1~3% 든 유약을 입히고 1,200~1,300℃에서 굽는다. 회색이 바탕이 된 녹청색의 청자를 두고 고려 사람들은 비색, 즉 비취색 청자라고 했다.

▼ 고려인들이 마신 덩이차
찻잎을 쪄서 절구에서 찧어 모양을 만든다. 보관하기 쉽게 엽전 모양으로 만든 떡차는 전차, 또는 돈차라고 한다.

■ **청자로 만든 찻그릇**
영국인들이 홍차를 마시면서 본차이나 자기를 생산했듯이 고려 사회에 차 문화가 꽃피면서 고려청자가 발달했다. 정교한 청자 찻그릇은 품위 있고 멋스러워 중국으로도 수출되었다.

표주박 모양 주전자와 받침

받침이 있는 찻잔, 탁잔

연꽃 봉오리 모양 주전자

차 마시는 사발, 다완

◀ **거품을 일으키는 찻숟가락**
작은 고리가 여럿 달린 은 찻숟가락이다. 여러 사람이 마실 다유를 준비할 때는 큰 그릇에 차와 물을 담고 이런 찻숟가락으로 거품을 일으킨 뒤, 작은 잔에 나누어 마신다.

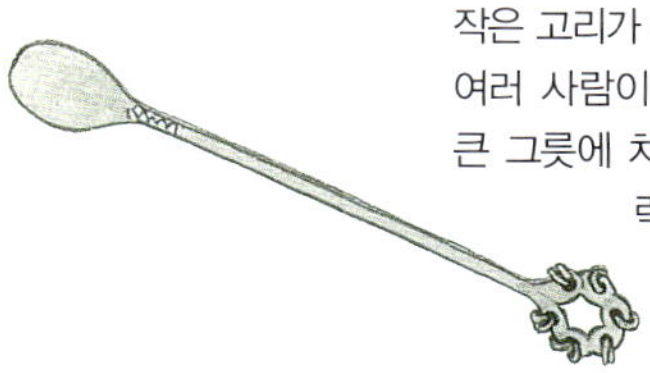

좋은 차 구하기가 하늘의 별따기만큼 어렵다

고려시대에 차는 귀중품 중에서도 귀중품이었습니다. 찻잎이 새로 돋는 봄이면 찻잎은 고급 선물이 되었어요. 그런데 차나무는 아열대 지역에서 잘 자라기 때문에 한반도에서는 지리산 근처에서만 자랐어요. 그러니 고려에서 생산되는 차만으로는 양이 턱없이 부족했어요.

그려 귀족들은 중국 남방에서 생산된 고급 차를 구하려고 야단법석이었습니다. 지리산 근처의 차밭에서 일하는 백성들도 귀족들이 차를 내놓으라고 닦달을 하는 바람에 죽을 지경이었지요. 귀족들에게 시달리다 못해 아예 차나무를 베어 버리는 농민도 있었어요. 이 때문에 새로운 유학인 성리학을 받들던 조선 왕조의 왕이나 관리들은 아예 차 마시기를 즐기지 않았습니다. 그래서 차례라는 이름의 제사는 오늘날까지도 내려오지만 차례상에는 차를 올리지 않습니다.

◀ **차나무**
차는 차나무의 어린잎을 따서 가공한 것이다. 차를 마시면 머리가 맑아져서 차를 약처럼 여기기도 했다. 고려 왕실에서는 신하나 백성들에게 차를 선물로 내리기도 했다.

■ **차 향기 그윽한 개경의 오후**
고려 귀족들이 다과를 즐기며 한가로이 담소를 나눈다. 찻주전자 찻잔, 과자를 담은 접시 모두 고려청자다. 탁자 앞쪽에 놓인 것은 청자 의자다.

새로운 음식이 들어오다

■ 쌍화점에 갔더니
쌍화 또는 상화는 밀가루를 반죽하여 발효시켜 소를 넣고 찐 음식이다. 찐빵이나 찐만두와 비슷하다. 밀가루가 귀해 흔하게 먹지는 못했지만 조선시대에도 계속 이어져서 여러 책에 조리법이 실려 있다.

국수와 상화, 밀가루 음식이 등장하다

한반도에는 밀이 많이 나지 않았습니다. 봄에 씨를 뿌려 음력 6월에 수확하는 봄밀만 조금 재배했어요. 양도 품질도 겨울에 심는 밀에 비해 좋지 않았고요. 그러니 밀가루로 만든 음식도 별로 없었어요. 국수를 먹었다는 기록도 고려 때 처음 나옵니다. 국수는 중앙아시아 유목민들이 만들기 시작하여 세계 각국으로 널리 퍼진 음식입니다. 특히 밀 농사를 많이 짓던 중국 북부 지방에서 발달했지요. 고려 사람들에게 국수는 혼례 날과 같이 특별한 날에 먹는 귀한 음식이었어요. 밀가루는 중국에서 수입한 거라 무척 비쌌거든요. 나중에는 구하기 쉬운 메밀가루나 녹두 녹말 따위로 국수를 만들었어요.

고려 말에는 원나라가 유라시아 대륙을 휩쓸었습니다. 몽골 사람들이 세운 원나라는 동아시아와 중앙아시아를 거쳐 서아시아와 유럽까지 영토를 넓혔어요. 덕분에 서로 다른 민족과 문화가 부딪치고 섞이며 영향을 주고받았지요. 고기를 즐기지 않던 고려 사람들이 다시 고기를 먹기 시작한 것도 몽골의 영향입니다. 몽골 사람들은 유목민답게 고기를 즐겼으니까요. 고려의 서울인 개경에는 중앙아시아 유목민인 위구르 사람이 가게를 열었어요. 이 가게가 바로 쌍화점입니다. 만두를 찌는 찜통과 함께 '상화'라는 음식도 그 가게에서 팔았던 모양이에요. 상화는 밀가루를 술로 반죽하여 발효시킨 뒤 소를 넣고 찐 것입니다. 찐빵이나 찐만두와 비슷해요. 값이 비싸서 쉽게 먹기는 어려웠지만요.

상화의 후예, 제주 상애떡

두부가 인기를 끌다

두부도 원나라를 통해 들어왔습니다. 고려 말의 문인 이색은 원나라에서 일 년 가까이 머물렀는데, 그때 먹은 두부 맛에 반해서 시를 다섯 편이나 지었어요. 그 중에 이런 시가 있습니다. "맛없는 나물국만 먹다 보니, 두부가 금방 썰어 낸 고기 비계 같구나. 성긴 이빨로 먹기에는 두부가 그저 그만, 늙은 몸을 참으로 보양할 수 있겠다." "두부 반찬에 토란을 곁들여" 밥을 먹었다

▶ 국수는 젓가락으로
국수를 먹었다는 기록은 고려 때 처음 나온다. 절에서 국수를 만들었다는 기록도 있다. 고려에 밀이 부족하여 중국에서 수입한다는 기록도 있다. 국수는 밥과 달리 젓가락으로 먹는다. 중국에서는 국수가 주식이 되면서 차차 숟가락을 쓰지 않게 되었다.

고려시대 두붓국

는 대목도 있습니다. 두붓국은 이렇게 끓였답니다. "두부를 기름에 튀겨 잘게 썰어 국을 끓이고, 여기에 파를 넣어 맛을 더하네. 난질난질 쌀밥에는 기름이 자르르 흐르고, 깨끗이 닦은 그릇들은 반짝반짝 빛나누나."

두부는 금세 인기를 끌었습니다. 콩과 소금에서 뽑아낸 간수만 있으면 만들 수 있었으니까요. 물에 불린 콩을 맷돌에 갈아서 물을 붓고 끓인 뒤, 간수를 넣어 굳히면 두부가 됩니다. 두부는 명절이나 제사 때 요긴한 음식이자, 노인의 건강을 책임지는 음식으로 자리를 잡아 갔습니다. 절에서 두부를 대량으로 만들어 백성들에게 팔기도 했지요. 두부가 널리 퍼진 데에는 불교의 영향도 컸습니다.

두부 틀

소주를 만들다

소주를 만드는 방법도 원나라를 통해 들어왔습니다. 고려시대까지 술은 좁쌀이나 쌀 같은 곡물을 발효시켜 만들었어요. 술이 익은 뒤에 맑은 술을 떠내면 청주, 그대로 거르면 막걸리였지요. 향과 맛을 더하려면 국화나 배꽃과 같은 꽃이나 솔잎, 댓잎 같은 부재료를 넣었고요. 몸에 좋은 약재를 더하여 약주도 만들었어요.

그러다 고려 말에 이르러 소주를 만들기 시작했습니다. 발효된 술을 끓여서 생기는 이슬을 모은 것이 소주입니다. 소주는 청주나 막걸리에 비해 알코올 도수가 월등히 높은 독한 술이에요. 덕분에 쉽게 상하지 않아 오래 보관할 수 있습니다. 증류주는 페르시아에서 처음 만들었는데 만드는 법이 원나라를 통해 고려에 전해졌어요. 페르시아에서나 유럽에서나 소주는 처음에 상처를 치료하는 약으로 쓰였다고 합니다. 위스키, 브랜디, 보드카 같은 술도 비슷한 방법으로 만든 증류주입니다.

◀ 두부는 치즈의 사촌
두부는 콩의 단백질을, 치즈는 동물 젖의 단백질을 굳힌 것이다. 유목민들이 양젖이나 우유에 신맛이 나는 레몬즙 따위를 넣어 치즈 만드는 것을 보고, 중국 송나라 사람들이 응용하여 만든 것이 두부다. 두부 만드는 법은 원나라 때 널리 퍼졌다.

소주를 만드는 원나라의 몽골 사람들

증류기 내부

조선시대 증류기, 소줏고리

■ 술을 끓여서 수증기를 모은다
아래쪽에서 장작을 지펴 밑술을 끓이고, 위쪽에서 찬물을 부으면 끓어오른 수증기가 식으며 이슬이 맺힌다. 이 이슬을 모은 것이 증류주인 소주다. 술을 증류하는 기구의 모양은 조금씩 달라도 그 원리는 같다.

조선의 임금은 밥상 앞에서 백성을 생각한다

■ **농업이 근본인 사회**
백성은 먹을 것을 하늘로 삼는다고 했다. 한 해의 농사는 임금의 정치력과 도덕성을 보여주는 일이다. 임금은 풍년을 기원하는 제사를 주관하고, 전국의 농사를 살펴 백성의 끼니를 챙긴다. 때로는 임금이 직접 궁궐 앞에서 백성들에게 쌀을 내리기도 한다.

유교 국가 조선, 밥상의 정치학

1392년, 새 왕조 조선이 섰습니다. 조선은 유교의 한 갈래인 성리학을 국가 이념으로 정했어요. 불교를 믿지 않으니 육식에 대한 금기는 없었지요. 그러나 조선의 왕들은 가뭄, 홍수 같은 재난이 생기면 상에 올리는 음식을 줄였습니다. 하늘과 백성에게 반성의 뜻을 보이는 것입니다. 아끼는 신하나 왕족이 죽으면 고기반찬을 먹지 않고, 나라에 불행한 일이 닥치면 끼니조차 제대로 차리지 못하게 했어요. 이렇게 왕이 삼가는 뜻으로 반찬 수를 줄이거나 밥상을 물리는 것은 감선, 아예 밥상을 받지 않는 것은 철선이라고 합니다. 성리학에서 왕은 덕으로 백성을 다스리는 어진 임금이 되어야 했어요. 그런 생각이 왕의 밥상에도 그대로 반영되었지요. 왕이라 하여 끼니마다 온갖 귀한 재료로 차린 화려한 밥상을 받지는 않았어요. 조선 임금의 밥상은 생각보다 소박했습니다.

농업은 세상에서 가장 중요한 근본

어진 임금이라면 마땅히 백성의 밥상에 관심을 가져야 했습니다. 백성들을 굶주리지 않게, 넉넉히 먹이는 일이 임금이 해야 할 가장 중요한 일이었으니까요. 그래서 조선 임금들은 먹을거리를 생산하는 농업을 "세상에서 가장 중요한 근본"이라고 생각했습니다.

나라에서 농업기술을 정리하여 책도 펴냈습니다. 세종 때 편찬된 《농사직설》은 한반도의 기후와 토질에 맞는 농사법을 자세하게 정리한 책입니다. 《농사직설》에는 당시의 벼농사 방법이 나옵니다. 물을 가두어 둔 무논에 볍씨를 직접 뿌리거나, 마른 논에서 밭벼처럼 기르다가 장마 때면 물을 가두어 무논에서 길렀어요. 요즘처럼 볍씨를 따로 키워서 모내기를 하지는 않았어요. 대신 벼농사를 망칠 때를 대비해서 피와 팥을 농사짓는 경우가 많았습니다.

農者天下之大本

▲ **임금의 밥상**

팥물로 지은 밥과 배춧국, 간장과 겨자, 맑은 새우젓, 물김치와 섞박지, 생선 살 삭힌 것, 모둠 구이, 육회다. 겨울철이라 채소는 김치 종류뿐이다. 끼니마다 재료와 요리법은 달라지지만 음식의 가짓수는 비슷하다.

백성과 함께 먹는 임금의 밥상

임금이 식사할 때는 나이 든 대신이 함께 자리하여 나랏일을 상의하며 먹었습니다. 밥상 위의 음식은 전국 각지에서 진상한 재료로 만들었어요. 어느 지방에 가뭄이나 홍수, 전염병이 생겼다는 보고를 들으면 왕은 반찬을 줄여 백성의 안타까운 일을 함께 나누려 했지요. 임금의 밥상은 백성을 생각하는 밥상, 백성과 더불어 먹는 밥상이었어요.

조선 사람들은 보통 아침과 저녁, 두 끼를 먹었습니다. 해가 길고 할 일 많은 여름에는 간단한 점심까지 세 끼를 먹었고요. 임금도 밥·국·반찬을 놓고 제대로 먹는 식사는 조수라와 석수라, 그러니까 아침과 저녁 두 끼였어요. 임금은 보통 다섯 끼를 먹는다고 알려졌지만, 새벽에 받는 초조반은 가볍게 죽만 차렸고, 점심인 낮것상도 국수나 죽으로 간단하게 차렸으며, 늦은 저녁의 야참은 차와 과자 정도니까 간식이라고 보아야 할 것입니다.

굶주린 백성을 보살피다

풍년이면 걱정이 없지만 흉년이면 큰일이었습니다. 제때 비가 오지 않으면 가뭄이 들어 농사를 망쳤어요. 농사철에 비가 오지 않으면 나라에서는 비가 오기를 기원하는 기우제를 지냈습니다. 흉년이 들면 굶주린 백성들은 산이나 들에서 나물을 뜯어다가 멀건 죽을 끓여 먹고, 도토리를 주워서 묵을 쑤어 먹었습니다. 솔잎, 솔방울, 소나무 속껍질도 먹었어요. 칡뿌리를 씹으면 배고픔을 잠시 잊을 수 있었지요. 초근목피, 즉 풀뿌리와 나무껍질로 목숨을 잇는다는 말은 이럴 때 쓰는 말이에요.

나라에서는 굶주린 백성들에게 곡식을 나누어 주기도 하고 빌려 주기도 했습니다. 혜민서 같은 관청에서 죽을 끓여 나누어 주기도 했고요. 나라에서 돕는 것은 한계가 있으니 스스로 먹을거리를 구하여 굶주림을 면하는 방법을 알려 주는 구황서라는 책도 펴냈습니다.

소나무의 속껍질인 송기

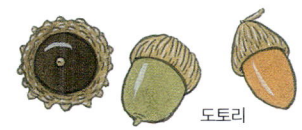

도토리

▲ **굶주림을 면하는 방법**

조선시대 구황서 《구황촬요》와 《충주구황절요》에는 먹을 수 있는 풀·열매·뿌리의 이름과 먹는 법, 채취 시기 등이 실려 있다.

이런 먹을거리들로 기력을 유지하고 몸이 붓는 것을 막으려면 소금이나 장이 필요했다. 그래서 나라에서는 흉년이 든 지역의 백성들에게 소금과 메주를 나누어 주었다.

먹는 것이 약이다

음식으로 병을 다스리다

탕약을 달이는 약탕기

궁궐에는 내의원이 있었습니다. 나라에서 가장 뛰어난 의사들이 모인 왕실 병원입니다. 내의원 의관들은 왕과 왕실의 건강을 책임집니다. 맥을 짚어 건강을 살피고 침을 놓고 약을 처방합니다. 세계적으로도 이름난 의학서 《동의보감》을 쓴 허준도 내의원 의관이었어요.

그런데 내의원 의관 중에 식의(食醫)라는 직책이 있었습니다. 식의는 왕의 체질과 건강을 고려하고, 음식 재료의 성질을 살펴 식단과 조리법을 정했어요. 의사이자 영양사인 셈이었지요. 병을 치료하는 것과 식사를 하는 것은 모두 건강을 유지하기 위한 것이니 근원이 같다고 보았기 때문입니다.

조선 초기에 빼어난 식의로 전순의라는 의관이 있었습니다. 세종·문종·세조, 세 임금을 모셨으며 《의방유취》라는 의학서를 펴낸 사람입니다. 전순의는 먹고 마시는 음식으로 질병을 예방해야 한다고 믿었습니다. 병이 나면 약을 쓰기 전에 먼저 음식으로 치료해야 좋다고 생각했어요. 이를 음식으로 병을 다스린다는 뜻으로 '식치' 또는 '식료'라고 합니다. 요즘 식으로 이야기하면 식이요법입니다.

전순의는 자신의 생각을 담아서 우리나라 최초의 요리책인 《산가요록》을 직접 쓰고, 음식으로 병을 다스리는 방법을 담은 책 《식료찬요》를 편찬했습니다.

약을 가는 맷돌, 약연

▲ 원기를 북돋우는 타락죽
우유에 쌀가루를 넣고 끓인 죽이다. 겨울철에 임금의 건강을 염려하여 내의원에서 처방하고, 왕실의 가축을 돌보는 사복시의 타락 장인이 만들어 올린다.

■ 조선에서 가장 뛰어난 의사들이 모인 내의원
내의원이 되려면 과거 시험 중 하나인 잡과의 의과에 붙어야 했다. 상당한 의학 지식을 갖추어야 하기 때문에 집안 대대로 내의원이 되는 사람이 많았다.

▲ 몸을 따뜻하게 해 주는 전약
동지 즈음에 임금의 기운을 북돋우려고 만드는 보양식이다. 색이 검고 젤리처럼 생겼다. 향신료인 정향, 계피, 후추가 몸을 따뜻하게 하는 약리작용을 한다.

▼ 더위를 식히는 제호탕
제호탕은 여름에 먹는 음료다. 《동의보감》에는 제호탕을 마시면 더위 먹은 것이 풀어지고, 열 나고 목마른 증상이 사라진다고 쓰여 있다.

▶ 조선의 특산물, 우황청심원
소의 담석인 우황과 인삼, 감초 등을 약재로 만든 환약이다. 놀라거나 열이 날 때 먹으면 안정이 되고 정신이 맑아진다. 중풍, 고혈압 등에도 효험이 있다.

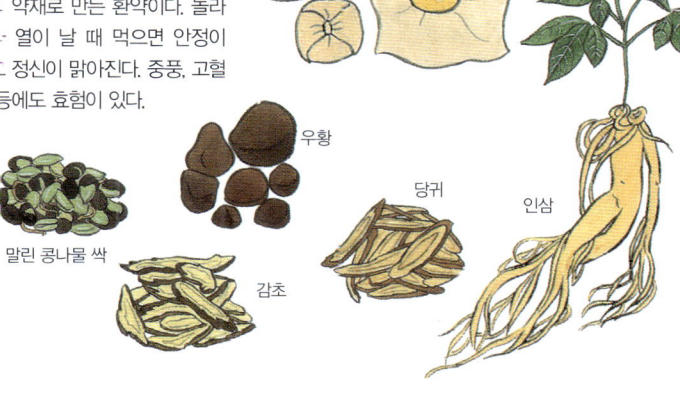

▼ 《식료찬요》에 실린 식이요법
감기에 걸리면 흰쌀로 묽은 죽을 쑤어서 차조기 잎 28장과 엽전 크기로 썬 생강 14조각을 넣고 끓여 뜨거울 때 먹는다. 설사에는 쌀가루와 같은 양의 도토리 가루를 넣고 죽을 쑤어서 꿀을 넣어 먹는다.

약식동원, 밥이 곧 보약이다

이러한 생각이 바로 '약식동원(藥食同源)'입니다. 약과 음식은 뿌리가 같다는 뜻이에요. "먹는 것이 약"이라거나 '밥이 곧 보약'이라는 말 또한 같은 의미입니다. 우리나라는 물론이고 동아시아의 음식과 상차림의 특징은 여기에서 나왔어요.

옛 사람들은 이 세상이 음양과 오행의 조화로 이루어졌다고 보았어요. 서로 다른 기운들이 조화를 이루어 균형이 잡혀야 건강한 것입니다. 병은 균형이 깨져서 생긴 것이니 지나친 것은 줄이고, 모자란 것은 보하여 바로잡아야 해요. 먹을거리에도 차고, 덥고, 온화한 저마다의 성질이 있습니다. 그러니 이러한 성질을 올바로 파악하여 음식을 만들거나 먹으라는 거예요.

예를 들어, 녹두는 성질이 차갑습니다. 그러니 녹두를 조리할 때는 따뜻한 성질의 생강이나 후추, 파, 다늘 따위를 넣어 균형을 잡는 것이 좋아요. 따뜻한 밥과 국에 차가운 김치와 나물을 같이 먹는 것도 좋지요. 쓰고 달고 시고 맵고 짠 맛도 지나치거나 한 쪽으로 치우치지 않아야 좋고, 붉고 푸르고 누르고 희고 검은 음식도 고루 먹는 것이 좋습니다. 건강을 지키고 병을 다스리는 조화로운 밥상, 이리하여 우리 음식은 약식동원의 음식이 되었습니다.

임금이 하사하는 보양식

음식 중에는 보양식이라고 하여 특별히 건강에 좋은 음식도 있었습니다. 조선 왕조는 효를 매우 중요하게 생각했어요. 그래서 기로소라는 관청을 세워 일흔 살이 넘은 퇴직 관리들을 받들었지요. 해마다 봄, 가을에는 연회를 베풀고 명절이나 기념일에는 건강에 좋은 귀한 음식이나 약재를 나누어 주었어요. 그때 나누어 준 보양식이 타락죽과 전약, 제호탕입니다.

타락죽은 우유로 만든 죽입니다. 겨울철이나 임금이 몸살, 감기를 앓을 때 원기를 북돋우려 올리는 영양가 높은 음식입니다.

전약은 대추·생강·정향·후추·계피와 같이 몸을 따뜻하게 하는 약재를 넣고 묵처럼 굳힌 음식입니다. 당시에는 정향과 후추가 아주 귀해서 보통 사람들은 먹기 어려웠어요. 전약은 약효가 뛰어나고 오래 보관하기도 좋아서 청나라와 일본 사신들 사이에서도 대단한 인기를 끌었어요.

제호탕은 물에 타서 마시는 음료입니다. 푸른 매실을 짚불 연기에 그슬어서 말린 오매, 백단향 등의 귀한 약재와 꿀로 만들어요. 제호탕을 마시면 가슴이 시원하고 향기가 오래도록 가시지 않으며 더위를 타지 않는다고 하여 인기였대요.

홍길동전의 작가 허균, 팔도의 맛난 음식을 말하다

■ 팔도강산 곳곳에서 찾은 맛난 음식

허균에 따르면 서울은 약과를 비롯한 과자와 떡, 개성은 엿, 경주는 약밥, 강릉은 방풍죽이 맛있다. 함경도의 산갓김치, 전라도 장성의 죽순김치, 평안도 의주의 대만두, 황해도 황주의 천초장도 유명했다. 생강은 전주, 동아는 충주, 청각은 해주와 옹진 것이 맛있고, 미나리·부추·고사리는 어디나 좋으며, 제주도에서는 그때에도 귤이 많이 났다. 민어·준치·조기는 서해 곳곳에서 나고, 가자미는 동해, 홍합은 남해, 전복은 제주, 맛조개는 황해도와 경기도, 가리비는 함경도에서 많이 났다. 숭어와 웅어는 한강에서 잡히는 게 가장 맛있었다고 한다.

글쟁이 허균, 미식가 허균

《홍길동전》을 쓴 허균은 뛰어난 문인일 뿐 아니라 정치 개혁을 주장한 학자이자 정치가였습니다. 《홍길동전》에도 신분 차별이나 탐관오리 등 당시 사회에 대한 비판과 이상적인 세계 건설 같은 개혁 의지가 담겨 있어요.

그런데 허균은 음식에도 아주 관심이 많은 미식가였답니다. 본인 스스로 말하기를 조선에서 나는 음식이라면 맛보지 않은 것이 없고, 좋다는 음식이라면 먹어 보지 않은 것이 없다고 했어요.

어릴 때는 명문가에서 태어난 덕에 각 지방의 특별한 음식이 예물로 많이 들어왔고, 커서는 부잣집에 장가들어 갖가지 산해진미를 먹었답니다. 임진왜란 때는 함경도 바닷가 마을로 옮겨 다니다 강릉 외가로 피란하여 온갖 해산물을 두루 맛보았고, 벼슬길에 나선 뒤로는 출장으로 여러 지방을 다녔으며, 전라도 부안이 너무 좋아 아예 집을 구해 둔 덕에 전국 방방곡곡의 별미를 먹었다고요. 이런 경험을 토대로 허균은 《도문대작》이라는 음식 책을 썼습니다. 도문대작(屠門大嚼)은 "고기 맛이 너무 좋아서 푸줏간 문만 보아도 입맛을 다신다."라는 뜻입니다.

귀양살이 밥상 앞에서 그리는 맛난 음식

허균은 마흔두 살이 되던 해에 지금의 전라북도 익산에서 귀양살이를 했어요. 그때 쓴 글이 《도문대작》이에요. 유배지에서 날마다 보잘것없는 밥상을 받으려니 전에 먹던 맛난 음식들이 새록새록 떠올랐답니다. 그래서 그 음식들을 기억나는 대로 하나하나 적어 놓고 틈날 때마다 살펴보면서 먹은 셈 쳤다는 거예요.

허균에 따르면 서울은 온갖 떡과 과자, 그리고 창의문 밖 세검정 근처에서 만든 두부가 유명하고, 강릉은 방풍나물로 끓인 방풍죽이 유명했답니다. 강릉의 방풍죽을 먹으면 달콤한 향기가 삼 일 동안 가시지 않았대요.

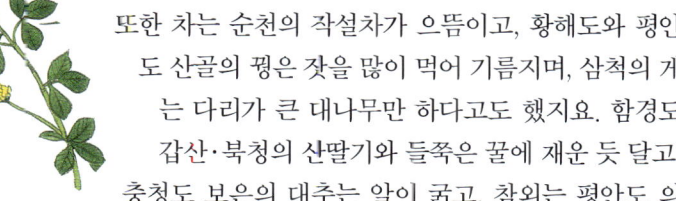

또한 차는 순천의 작설차가 으뜸이고, 황해도와 평안도 산골의 꿩은 잣을 많이 먹어 기름지며, 삼척의 게는 다리가 큰 대나무만 하다고도 했지요. 함경도 갑산·북청의 산딸기는 들쭉은 꿀에 재운 듯 달고, 충청도 보은의 대추는 알이 굵고, 참외는 평안도 의주, 모과는 경상도 예천, 살구는 서울 서대문 밖에서 나는 게 가장 맛있다고도 했어요.

《도문대작》에는 당시 조선의 방방곡곡, 지역별로 유명한 먹을거리들이 골고루 적혀 있어요. 떡과 과자, 과실, 육류, 해산물, 채소 순으로 특산물과 명산지를 썼지요. 마지막에는 서울의 명절 음식을 적었는데, 주로 계절에 따른 여러 가지 떡입니다.

조선의 뛰어난 문인이 쓴 지역 특산물과 별미 음식 안내서

《도문대작》은 조선 중기의 음식 문화를 알려주는 좋은 자료입니다. 무려 134종의 음식이 실려 있으니 당시의 식재료나 조리법 등을 짐작할 수 있어요. 채소나 과실, 육류, 해산물은 지금도 우리가 즐겨 먹는 것이에요.

눈길을 끄는 음식으로는 산갓김치와 천초장이 있습니다. 산갓김치는 산갓의 향을 살린 물김치입니다. 고춧가루나 젓갈은 넣지 않았어요. 당시 김치는 장아찌와 짠지, 국물이 있는 동치미나 물김치 종류가 있었어요. 주로 무나 오이 종류로 담그고 양념으로 마늘이나 생강, 파, 부추, 천초, 청각 따위를 넣기도 했어요. 천초장은 고춧가루 대신 천초가 들어간 장으로 짐작됩니다. 천초는 매운맛을 내는 향신료예요. 지금도 추어탕을 먹을 때 넣어요.

하늘배·금색배·검은배·붉은배·대숙배 등 배도 5종이나 나오지만 지금은 전하지 않아 아쉽습니다.
겨울에 움을 파고 파·부추·달래·고수와 같은 향신채를 길렀다는 내용도 있어요. 곰 발바닥과 사슴 혀, 사슴 꼬리 따위의 특이한 음식도 실려 있습니다.

■ **조선시대 요리책**
조선시대에는 남성이 쓴 요리책이 제법 많다. 우리나라 최초의 요리책인 《산가요록》은 내의원 의관 전순의가 썼다. 안동 선비 김유가 쓴 《수운잡방》, 역관 이표가 쓴 《소문사설》도 있고, 실학자 서유구가 쓴 백과사전 《임원경제지》에도 조리법이 여럿 실려 있다.
여성들이 한글로 쓴 요리책으로는 안동 장씨 부인이 쓴 《음식디미방》과 빙허각 이씨 부인이 편찬한 생활 백과사전 《규합총서》가 대표적이다.

고추가 들어오다

▲ 후추
후추는 오랑캐 나라에서 전해진 매운 풀이라는 뜻이다. 인도가 원산지로 실크로드를 통해 초기 철기시대에 한반도에 들어왔다. 그러나 한반도에서는 쉽게 재배되지 않아 대부분 남아시아로부터 유구국(오늘날의 오키나와)을 거쳐 수입했다.

▲ 계피
중국 남부나 동남아시아에서 나는 생달나무 껍질을 말린 것이다. 그대로 달이거나 가루를 내어 쓴다. 계피는 독특한 향과 함께 달고 매운 맛이 난다.

▲ 천초
초피나무의 열매로 알싸한 향과 함께 매운맛이 난다. 천초는 후추와 함께 널리 쓰였으며 매운맛을 내는 장인 천초장도 담갔다. 요즘은 산초라고도 하는데 산초는 일제강점기 때 쓰던 말이다.

◀ 달래
한반도의 산과 들에 흔하게 나는 달래, 부추, 여뀌는 매운맛이 나는 풀로 나물로도 먹고 양념으로도 많이 쓰였다.

▼ 마늘
원산지가 중앙아시아인 마늘과 파도 삼국시대에 한반도에 들어와 널리 쓰였다. 매운맛과 강한 냄새가 특징인 마늘은 한반도에도 재래종이 있었으나 실크로드를 통해 새로운 품종이 들어와 재배된 것으로 보인다.

◀ 겨자
겨자 씨앗을 가루 내어 따뜻한 물에 불리면 톡 쏘는 매운맛이 난다. 해산물의 비린내를 잡아서 생선의 양념으로도 쓰고 채소 음식에도 쓴다. 삼국시대에 이미 조미료로 쓰였다. 약재로도 쓰였다.

◀ 붉은색 매운맛, 고추
고추는 포르투갈 상인들과 교역하던 일본을 통해 16세기 중반에 한반도에 들어왔다. 고추는 한반도에 쉽게 정착하여, 18세기에 이르면 매운맛을 내는 양념의 대표가 되었다. 고추는 후추나 마늘 따위와는 달리 강렬한 붉은색이다. 고추의 등장과 함께 붉은색이 매운맛을 나타내기 시작했다.

◀ 생강
인도, 말레이시아 등 동남아시아가 원산지로 추정되며 초기 철기시대에 한반도에 들어왔다. 향신료이자 약재로 두루 쓰였다. 생강정과 따위 음식을 만들기도 한다.

신대륙에서 구대륙으로, 고추의 여행

조선 중기까지 우리 음식에는 고추가 들어 있지 않았습니다. 고추에 대해 알지도 못했어요. 고추의 원산지는 아메리카 대륙의 멕시코와 안데스 고원 일대입니다. 1492년 콜럼버스가 아메리카 대륙에 도착한 뒤, 수많은 유럽인들이 아메리카 대륙을 오가며 새로운 물건을 구해 유럽에 가져갔어요. 이때 감자·고구마·호박·파인애플·카카오·바닐라·토마토·담배와 함께 고추도 무역선에 실려서 유럽과 아프리카, 아시아로 전해졌습니다. 하지만 고추는 별 인기를 끌지 못했어요. 아프리카의 에티오피아와 나이지리아, 유럽의 이탈리아와 스페인, 그리고 아시아의 인도·태국·중국 남부·한반도에 살던 사람들만이 고추를 먹을 수 있는 작물로 이해했으니까요. 그럼 고추는 언제쯤 한반도에 도착했을까요?

한반도와 일본, 서로 엇갈리는 고추의 유래

임진왜란이 끝난 뒤인 1613년에 이수광이 쓴 《지봉유설》의 한 대목입니다. "남만초에는 센 독이 있는데 처음에 왜국에서 들어왔다. 그래서 왜겨자라고 부른다." 이 남만초가 바로 고추입니다. 그런데 1709년에 펴낸 《대화본초》라는 일본 책에는 고추가 한반도에서 왔다고 나와요. 그래서 고려 호초라 부른다고요. 도대체 어떻게 된 일일까요?

수수께끼를 푸는 열쇠는 바로 임진왜란, 조선과 일본, 명나라가 참전한 7년 전쟁입니다. 고추는 포르투갈 무역선에 실려서 1540년 즈음에는 마카오를 비롯한 중국의 무역항에, 1543년에는 일본의 무역항인 나가사키에 도착했어요. 나가사키에 도착한 고추는 쓰시마를 거쳐 지금의 부산인 동래의 왜관에 도착했고요.

고추는 임진왜란이 일어나기 전에 이미 경상도 일대에 퍼졌습니다. 하지만 그때까지 조선 사람이나 일본 사람 대부분이 고추의 존재를 알지 못했어요. 결국 임진왜란을 겪으며 조선 사람들은 왜군과 함께 남쪽에서 고추가 올라왔다고 생각했고, 일본 사람들은 전쟁에 져서 귀국한 자신들과 함께 한반도로부터 고추가 들어왔다고 믿었습니다.

붉은색의 매운맛이 등장하다

고추가 들어오기 전에도 조선에는 매운맛을 내는 양념이 있었습니다. 달래·마늘·파 같은 채소도 있고 겨자·후추·천초 같은 향신료도 있었어요. 고기나 생선 비린내를 없앨 때는 천초나 후추를 썼지요. 그런데 천초는 재배가 잘되지 않았고, 후추는 조선에서 나지 않아 모두 다른 나라에서 수입했어요. 당연히 값도 비쌌고요. 이에 비해 고추는 한반도 남부 지역에서 잘 자랐답니다. 기르기도 쉽고, 구하기도 쉬우니 널리 퍼질 수밖에 없었지요.

18세기에 이르면 고추는 천초와 후추를 대신하여 매운맛을 내는 으뜸 재료로 인기를 누렸습니다. 천초 가루로 담그던 천초장이 이때가 되면 고추장으로 바뀌었어요. 매운탕도 등장했습니다. 고춧가루는 생선의 비린내도 없애 주었어요. 고춧잎으로 장아찌를 담글 정도로 고추의 이용법도 다양해졌습니다.

고춧가루와 젓갈을 넣은 양념 김치

1746년에 이표가 쓴 요리책 《소문사설》에는 고추장 만드는 법이 나옵니다. 1766년에 유중림이 펴낸 《증보산림경제》에는 무와 오이로 김치 담그는 법에 고추와 고춧가루를 양념으로 넣는다고 쓰여 있어요. 고추를 넣은 김치에 대한 기록은 이 책이 처음입니다. 또 하나 주목할 점은 김치에 고추가 들어가면서 젓갈을 넣게 된 것입니다. 18세기에는 백성들 사이에서 소금에 절인 생선이 인기를 끌면서 소금이 부족해졌어요. 그런데 김치에 고춧가루와 젓갈을 넣으면 소금을 전보다 덜 넣어도 시어지지 않아서 오랫동안 저장할 수 있다는 사실을 알게 된 거예요. 이리하여 고춧가루와 젓갈이 들어간 양념 김치, 오늘날 우리가 알고 있는 김치가 등장했습니다.

■ 고추의 어원
고추는 '고초'에서 나온 말이다. 원래 '고초(苦椒)'는 매운맛을 내는 후추나 천초를 통틀어 부르는 말이었다. 처음에 왜겨자, 남만초, 번초로 불리던 것이 조선 후기 들어 고초가 되고, 다시 고추가 된 것이다.

▼고춧가루와 젓갈과 속이 꽉 찬 배추로 담근 오늘날의 김치
조선시대 배추는 속이 성글고 잎이 푸르며 길쭉하다. 오늘날 김치를 담그는 속이 꽉 찬 배추는 1880년대에 중국 산둥 지방에서 들어왔다. 처음에는 맛이 없어 관심을 끌지 못하다가 1960년대 이후에 품종이 개량되면서 널리 퍼졌다.

조선 밥상의 완성

▼조선 후기 사람들의 밥상
큼지막한 사발에 밥이 수북하다. 많은 양의 밥을 맛있게 먹으려니 반찬이 짭짤하다. 고추가 널리 퍼진 뒤라 김치 색깔이 붉다. 입가심할 구수한 숭늉도 상 옆에 놓였다.

개다리소반에 차린 밥상

선비가 방바닥에 혼자 앉아 숟가락을 들고 국을 한 술 떴습니다. 상에는 밥도 있고 국도 있고 반찬도 몇 가지 놓였습니다. 수저는 유기, 즉 놋쇠로 만든 것입니다. 밥상은 소반이라 불리는 작은 상입니다. 부엌에서 음식을 차려 방으로 나르려면 아무래도 소반처럼 작은 상이 편합니다.

두 사람이 겸상을 하거나 여럿이 둘러앉아 먹기도 했지만, 양반들이나 집안 어른들은 각자 자기 방에서 혼자 먹을 밥상을 받았습니다. 이를 외상 차림이라고 합니다. 잔치를 할 때도 손님들에게 각각 상을 차려 주는 것이 예의였습니다. 양반집 부엌에는 늘 소반이 여러 개 갖추어져 있었지요. 하지만 집집마다 잔치 때 오는 손님 수만큼 상을 갖추기는 어려웠어요. 그래서 상 빌려 주는 일을 업으로 삼는 이들도 있었습니다.

밥상의 주인공은 밥과 국

밥상에는 그릇이 여덟 개 놓여 있습니다. 그릇은 값비싼 놋그릇 대신 백성들이 많이 쓰는 사기그릇입니다. 선비의 왼쪽에는 밥그릇, 오른쪽에는 국그릇이 놓였습니다. 상 중앙에 간장과 장아찌, 김치가 있고, 바깥쪽으로 나물과 콩자반, 찌개가 있습니다.

그릇 가운데 가장 큰 것은 밥그릇과 국그릇입니다. 사발이라고 부르는 밥그릇은 높이가 9cm, 입은 지름이 13cm에 이릅니다. 요즘과는 비교가 되지 않을 정도로 커다란 밥그릇과 국그릇입니다. 이와 비슷한 밥그릇이 1942년까지도 생산되었습니다. 용량을 재어 보니 무려 900cc였지요. 요즘 가정에서 사용하는 밥그릇의 용량은 270cc예요. 임진왜란 때 오희문이라는 사람이 피란을 다니며 쓴 일기 《쇄미록》에도 한 끼에 7홉의 쌀로 밥을 지어 먹었다고 적혀 있어요. 당시 7홉이면 420cc쯤 됩니다. 밥을 지으면 양이 두 배로 늘어나고요.

■ 시대에 따라 달라지는 밥 한 그릇
조선시대부터 1950년대까지는 900~550cc 크기의 밥그릇을 썼다. 1960년대에는 500cc, 1980년대에는 450cc, 2000년대 이후에는 350~270cc로 줄었다. 다른 먹을거리가 풍부해지면서 밥을 적게 먹는다.

■ 밥을 부르는 말은 여러 가지
밥의 높임말은 진지, 임금에게 올리는 밥은 수라, 제사상에 올리는 밥은 메다. 밥을 이렇게 구분하여 부르는 것은 그만큼 중요하게 여겼다는 뜻이다.
국도 찬도 없이 먹는 맨밥은 강밥 또는 매나니, 남이 먹다 남긴 밥은 대궁밥. 남의 눈치를 보며 얻어먹는 밥은 눈칫밥이다. 값을 치르지 않고 거저먹는 공밥, 이집 저집 돌아다니며 빌어먹는 동냥밥, 일하다 잠깐 쉬어 먹는 새참은 사잇밥 또는 곁두리다. 그릇 위로 수북하게 담은 밥은 머슴밥, 보통 때는 얼마 먹지 않다가 갑자기 많이 먹으면 소나기밥이다.

뭐니 뭐니 해도 으뜸은 쌀밥

조선 사람들은 왜 이렇게 밥을 많이 먹었을까요? 이유를 분명하게 밝히기는 어렵지만 먹을거리가 풍부하지 않아서라고 짐작해 볼 수는 있어요. 한창 농사일을 할 때가 아니면 아침과 저녁 두 끼를 먹고 점심은 먹지 않는 경우가 많았다니까요. 그렇다고 간식을 먹는 것도 아니었고요.

밥은 보리밥이나 조밥 같은 잡곡밥도 많이 먹었지만 특히 쌀밥을 중요하게 생각했습니다. 쌀은 우리 조상들이 가장 좋아하고 귀하게 여긴 곡식입니다. 나라에서도 쌀 생산에 온 정성을 들였어요. 관리들의 급여도 쌀로 주고, 백성들은 세금도 쌀로 냈어요. 쌀이 화폐를 대신했지요. 대표적인 예가 대동법입니다. 대동법은 나라에 바치는 지역 특산물을 쌀로 통일하여 바치게 한 세금 제도예요. 죽은 이의 혼령을 저승으로 보내는 지노귀굿을 할 때도 혼령에게 쌀밥을 올렸어요. 집안을 지켜 주는 성주신을 상징하는 물건도 쌀이었고요.

기본 음식에 반찬을 더한다

쌀밥과 국을 중심에 두고, 반찬은 어떻게 차렸을까요? 1890년대에 쓰인 《시의전서》라는 책에는 5첩·7첩·9첩 등의 상차림이 그림으로 그려져 있습니다. 첩은 뚜껑이 있는 반찬 그릇을 가리킵니다. 그런데 첩 수를 셀 때, 밥과 국, 김치, 간장, 겨자 따위는 포함하지 않았습니다. 사실 이것만으로도 밥을 먹을 수 있어요. 그러니 기본 음식이라고 볼 수 있지요.

이 기본 음식에 반찬 3가지를 더하여 올리면 3첩, 5가지를 올리면 5첩, 7가지를 올리면 7첩입니다. 하지만 조선시대에 실제로 이렇게 많은 반찬을 두고 먹었는지는 알 수 없어요. 임금도 보통 때는 반찬을 세 가지가 넘지 않게 먹었다는 기록도 있고, 풍속화나 기록화에 그려진 밥상에도 그릇의 수가 그리 많지 않거든요. 이 책이 쓰인 것이 19세기 말이니 어쩌면 이 시기에 이르러 생긴 변화일 수도 있습니다.

▼ 《시의전서》에 실린 19세기 말의 밥상

5첩과 7첩 반상이다. 반찬 수가 늘 때는 채소·생선·육류를 고르게 차리고, 조리법도 절임·무침·구이·조림·찜·전 등으로 변화를 준다.

실제로 이렇게 반찬을 많이 먹었을지는 알 수 없으나 정성을 다하고, 맛과 영양 모든 면에서 조화를 꾀하려는 뜻이 엿보인다.

5첩 반상은 밥과 토란곰탕, 명란두부조치와 조개젓, 간장과 초장에 청어구이·족편·호박나물·도라지나물·소고기장조림 등 5가지 반찬을 올렸다.

7첩 반상은 밥과 계란국, 조개젓과 동태고추장조치, 배추김치에 장은 초장·겨자장·간장으로 셋이나 되고 여기에 조기구이·김자반·어채·양지머리편육·호박나물·천엽·깻잎쌈 등 7가지를 올렸다.

▼ 간소한 조선시대 밥상

정조가 화성 원행을 할 때 수행한 정승이나 판서급 고위 관리의 아침 밥상이다. 흰밥에 완자탕, 간장, 콩나물과 배추김치다. 여행 중이라지만 신분이 높은 양반의 밥상도 이렇게 단출하다.

5첩 반상

7첩 반상

계절 따라 즐기는 음식

《동국세시기》에 담긴 명절과 음식 이야기

조선시대 사람들도 일 년 중에 특별히 중요한 날에는 맛있는 음식을 마련하고 즐겁게 놀았습니다. 이런 날이 명절입니다. 계절이 바뀔 때마다 새로운 먹을거리가 나오면 조상에게 감사드리고 이웃과 나누어 먹으며 즐겼습니다. 제철 먹을거리로 만든 음식은 건강에도 좋고 계절의 변화를 느끼게도 해 주었지요.
조선 후기에 서울에서 살던 홍석모라는 학자는 당시 명절 풍속을 담은 《동국세시기》라는 책을 썼습니다. 동국은 우리나라, 세시기는 철 따라 행하는 여러 일을 적은 기록이라는 뜻입니다. 《동국세시기》는 18~19세기 조선 사람들의 명절 풍속과 음식 문화를 엿볼 수 있는 좋은 자료입니다.

명절 중의 명절은 설날

설날인 정월 초하루에는 조상에게 새해가 되었음을 알리는 차례를 지내고 어른들에게 세배를 드렸습니다. 차례는 원래 차를 제물로 올리는 제사를 뜻하지만 조선시대에는 차 대신 숭늉과 물을 올렸습니다. 차례상에는 떡국도 올렸어요. 떡국을 비롯하여 설날을 치르려고 마련하는 음식을 세찬, 술은 세주라고 합니다. 입춘은 봄이 시작되는 날입니다. 입춘에는 봄을 축원하는 글을 기둥이나 문에 붙입니다. 경기도 산골 여섯 고을에서는 움파·산겨자·승검초 따위 매콤한 나물을 임금에게 올려서 봄기운을 전했고요.
정월 대보름날에는 풍년을 기원하는 행사나 액막이를 많이 했어요. 보름달을 보며 소원을 비는 달맞이를 비롯하여 다리밟기, 연날리기 등이 있습니다. 날밤·호두·은행·무 등의 부럼을 깨물며 한 해 동안 건강하기를 빌고 귀밝이술도 마셨습니다. 묵은 나물이라 하여 말려 둔 박이나 가지, 버섯 따위를 삶아 먹으면 여름에 더위를 타지 않는다고 합니다. 이파리 넓은 채소나 김으로 복쌈도 싸 먹었습니다.
진달래꽃이 만발한 3월에는 꽃놀이를 즐기고, 여름의 첫 명절인 4월 초파일, 부처님 오신 날에는 등불 구경을 했습니다. 농사일로 바쁜 여름철에는 5월 단오, 6월 유두 명절에 물가에서 더위를 식히고 맛난 음식을 즐기며 고단함을 잠시 잊었어요.

설날에는 떡국
서울 떡국은 가래떡을 동그랗게 엽전처럼 썰고, 잘게 찢은 꿩고기를 올리고 후춧가루를 뿌린다. 가래떡은 멥쌀가루를 시루에 찐 뒤, 떡메로 무수히 쳐서 손으로 길게 늘여 만든다. 공과 품이 많이 드는 일이다. 떡을 칠 하인이 없는 집에서는 떡집에서 산다.

정월 대보름 묵은 나물
묵은 나물은 채소를 많이 먹지 못하는 겨울철에 비타민을 보충해 준다. 묵은 나물을 먹으면 여름에 더위를 타지 않는다고 한 까닭도 여기에 있다. 찰밥에 꿀과 간장, 밤, 대추 등을 섞어 찐 약밥도 먹는다. 약밥을 먹는 풍속은 신라 때부터 시작되었다.

삼월삼짇날 진달래화전
음력 3월 3일, 삼월삼짇날에는 산과 들로 나들이하여 새봄을 즐긴다. 찹쌀 반죽에 진달래꽃을 올려 기름에 지진 진달래화전, 화채에 진달래를 띄운 진달래화채를 먹는다. 진달래꽃으로 술도 담근다. 진달래꽃은 먹을 수 있다고 하여 참꽃이라고도 부른다.

사월 초파일과 느티떡
음력 4월 8일, 초파일에는 집집마다 등을 달고, 밤이면 남산이나 북악산에 올라가 등불 구경을 한다. 멥쌀가루에 느티나무 어린잎을 섞어 찐 시루떡, 삶은 검정콩, 미나리나물 같은 음식을 먹는다. 부처님이 오신 날이니 고기로 만든 음식은 먹지 않는다.

단오 수리취떡과 앵두화채
음력 5월 5일은 단오다. 본격적인 더위와 고된 김매기가 시작되기 전, 음식을 장만하여 놀며 하루를 즐긴다. 수리취나 쑥을 넣고 빚어 수레바퀴 모양의 떡살로 찍은 수리취떡과 앵두화채를 먹는다. 창포물에 머리 감기는 중국에서 유래한 단오 풍속이고, 그네 놀이와 씨름은 우리나라 고유의 단오 풍속이다.

유두에는 시원한 수단
유두는 조선에만 있는 명절로 6월 보름이다. 맑은 시내나 계곡에서 머리를 감고 몸을 씻으며 더위를 식힌다. 가래떡을 잘게 썰어 구슬처럼 만들거나 보리를 삶아 꿀물에 띄우고 얼음을 넣은 수단을 먹는다.

더도 덜도 말고 오늘만 같아라

가을의 명절로는 8월 한가위, 추석이 으뜸입니다. 일 년 중에 가장 먹을거리가 풍성한 때니까요. 추석날 아침에는 햇곡식으로 빚은 송편으로 조상에게 차례를 지냈어요. 무와 호박을 넣은 시루떡, 밤단자, 콩가루나 참깨 가루를 입힌 인절미도 이때가 제철입니다.

국화꽃 만발하는 9월에는 향기 그윽한 국화로 화전을 만들거나 국화주를 담급니다. 가까운 산에 올라 단풍놀이도 하고요.

겨울이 시작되는 10월에는 떡과 과일을 차려 놓고 집안을 지키는 성주신에게 평안을 빌었습니다. 신선로에 고기와 채소 등을 넣고 끓여 먹는 열구자탕도 이때 즐겼어요. 열구자탕은 맛이 너무 좋아서 입이 즐겁다는 뜻입니다. 메밀가루나 밀가루로 만두를 빚어 먹기도 했어요. 서울 양반들은 난로회라는 모임을 열어서 화로 주위에 둘러앉아 양념한 쇠고기를 숯불에 구워 먹었습니다.

김장도 담갔습니다. 《동국세시기》에서는 여름의 장 담그기와 겨울의 김장이 집안에서 해야 할 일 중 가장 큰일이라고 했지요. 무, 배추, 마늘, 고추, 소금 등으로 김치를 담근다고도 했고요. 주재료를 무와 배추, 주요 양념을 마늘과 고추라고 밝힌 것이 눈길을 끕니다.

일 년 중 밤이 가장 긴 날은 동지입니다. 동지를 작은설이라고도 합니다. 동지에는 붉은 팥죽을 끓여 나이 수만큼 새알심을 넣어 먹습니다. 조상 제사에도 팥죽을 올리고, 문짝에 뿌려서 액막이도 했습니다. 메밀국수에 여러 가지 채소와 배·밤·돼지고기·쇠고기를 썰어 넣고 기름간장을 쳐서 비빈 골동면, 동치미와 수정과도 이때가 제철입니다.

백중 제사는 제철 과일로
정월 대보름은 상원, 7월 보름인 백중은 중원이라고 한다. 과일과 채소가 많이 나는 때다. 백중에는 돌아가신 부모님의 혼을 위로하는 불교식 제사를 지낸다. 수박, 참외, 황매, 복숭아, 포도 등 제철 과일을 올린다.

추석 차례상에는 송편
추석에는 조상의 무덤을 찾아 성묘를 한다. 추석 차례상에는 햇곡식으로 빚은 송편을 올린다. 추석은 대부분 추수를 하기 전이라서, 올벼라고 하여 다른 벼보다 한 달 가량 앞서서 심어 둔 벼를 수확하여 송편을 빚는다.

국화 향기 그윽한 중양절
음력 9월 9일은 양수인 9가 겹치는 중양절이다. 한양 사람들은 가까운 산에 올라 가을 풍경을 즐기고 단풍놀이를 했다.
선비들은 시를 짓고 가야금이나 거문고를 뜯으며 향기 그윽한 국화주를 즐겼다. 국화로 화전이나 화채도 만들어 먹는다.

겨울 준비의 으뜸은 김장
"무 배추 캐어 들여 김장을 하오리라. 앞 냇물에 정히 씻어 짜고 싱겁고를 알맞게 하소. 고추·마늘·생강·파에 젓국지 장아찌라. 독 곁에 중두리요 바탕이 항아리라. 양지에 임시로 집을 짓고 짚에 싸 깊이 묻고, 박과 무 잘 묻어 얼지 않게 간수하소."
다산 정약용의 둘째 아들, 정학유가 쓴 '농가월령가' 10월 편의 김장 노래다.

추위를 막는 난로회, 입이 즐거운 열구자탕
화로에 숯불을 피우고 둘러앉아 기름·간장·파·마늘·고춧가루로 양념한 쇠고기를 석쇠에 구워 먹는다. 이를 난로회라고 하는데 요즘의 숯불 구이와 비슷하다.
열구자탕은 굽다리접시와 비슷하게 생긴 신선로에 끓인다. 신선로 가운데는 숯불을 담는 통이 있어서 통 둘레에 음식을 담고 상 위에서 직접 음식을 끓인다.

귀신 쫓는 동지 팥죽
동지는 일 년 중 낮이 가장 짧고 밤이 가장 긴 날이다. 이 때문에 조선 사람들은 동지가 음이 가장 강한 때라고 믿었다. 음이 강하니 귀신이 돌아다니기 쉽다. 따라서 귀신이 싫어하는 붉은색 팥죽을 끓여 먹으면 귀신을 물리칠 수 있다고 생각했다.

🌳 사람이 먹는 것을 귀신도 먹는다

집집마다 모시는 제사

조선은 유교 국가답게 조상을 기리는 제사를 중요하게 여겼습니다. 조선 후기에 이르면 양반뿐 아니라 일반 백성들도 집집마다 제사를 지냈어요. 계절이 바뀔 때마다 제철 음식으로 제사상을 차려 조상에게 올리고, 설날·한식·단오·추석 같은 명절에도 제사를 드렸습니다.

돌아가신 날에도 제사를 지내는데 이를 기제사라고 합니다. 기제사는 집안에서 가장 나이 많은 어른을 기준으로 부모·조부모·증조부모·고조부모까지 모셨습니다. 그 윗대의 조상은 10월에 묘소로 가서 제사를 올렸고요. 높은 벼슬에 오른 사람에게는 후손들에게 계속 제사를 모시라고 나라에서 토지를 주기도 했습니다. 이런 사람들의 제사를 불천위 제사라고 합니다.

만약 집안에 불천위 제사를 모시는 조상이 두 분 있다면, 이 분들의 기제사를 포함하여 일 년에 제사를 무려 19번이나 모셔야 했습니다. 이렇게 제사를 지내려면 정성도 이만저만이 아니었지만 비용을 마련하는 것도 보통 일이 아니었습니다.

귀신이라고 특별한 것을 먹지는 않는다

조선 중기의 학자, 유희춘이 쓴 《미암일기》를 보면 증조부 제사를 지내는데 전라도 진도 군수가 도왔다고 했습니다. 관청에서 개인의 제사에 들어가는 경비를 지원한 것입니다. 제물도 정과·산자·약과를 비롯하여 떡, 과일, 고기 등 가짓수가 꽤 많습니다. 유희춘은 혼자 힘으로는 이렇게 훌륭한 제물을 마련하지 못했을 거라며 기뻐했지요.

제물은 죽은 이에게 올리는 음식이지만 산 사람이 먹는 것과 다르지 않았습니다. 생전에 먹던 음식을 기본으로 차립니다. 그래서 조상의 위패 바로 앞에 밥과 국, 수저를 놓습니다. 밥과 국 앞에는 고기와 생선으로 만든 음식을 차렸어요. 잘 차린 잔칫상을 올린다는 뜻입니다. 간장과 김치, 젓갈류와 나물도 빠뜨리지 않습니다. 물론 김치는 고춧가루를 넣지 않은 것입니다. 맨 앞줄에는 과일과 과자, 떡을 높이 쌓아 올렸습니다. 혼령이 식사하면서 술을 마시고 숭늉으로 입가심을 하도록 술과 숭늉도 올렸어요.

■ 그림으로 그린 사당, 감모여재도
살림이 넉넉한 양반은 집 안에 사당을 두고 조상의 위패를 모셨다. 위패는 죽은 이의 혼을 대신하는 것으로 이름과 죽은 날짜를 적은 나무패다. 사당이 없는 집이나 여행 중에 제삿날을 맞으면 이런 사당 그림을 걸어 놓고 제사를 모시기도 했다.

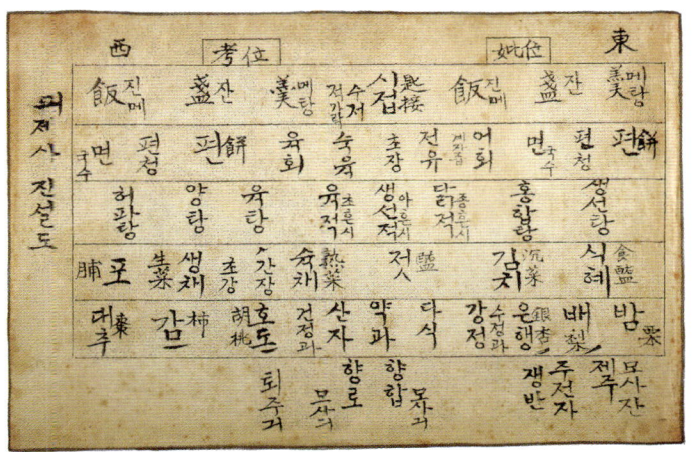

▲ 제사상 차리는 방법은 집집마다 다르다
상에 올리는 음식도, 놓는 위치도 조금씩 다르다. 홍동백서, 조율이시, 좌포우혜 같은 배열도 조선시대에 일반적으로 지키던 원칙이 아니라 1920년대 이후에 퍼진 것이다. 제사상 차림은 집안마다 대대로 이어 오는 가문의 범절이자 전통이다.

조선에서 나고, 조선 사람이 생각하기에 좋은 음식

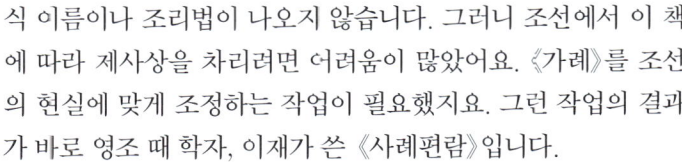

유교식 제사상을 차리는 방법은 중국에서 유래했습니다. 특히 주자가 썼다고 알려진 《가례》가 기준이었어요. 하지만 이 책에는 구체적인 음식 이름이나 조리법이 나오지 않습니다. 그러니 조선에서 이 책에 따라 제사상을 차리려면 어려움이 많았어요. 《가례》를 조선의 현실에 맞게 조정하는 작업이 필요했지요. 그런 작업의 결과가 바로 영조 때 학자, 이재가 쓴 《사례편람》입니다.

《사례편람》에는 《가례》에 나오는 포(脯)는 생선 말린 것을 올리고, 해(醢)는 식해나 젓갈, 소채(蔬菜)는 나물이나 김치를 올리고, 다(茶)는 숭늉을 올리면 된다고 적혀 있습니다. 조선 사람들이 잘 아는 음식으로 보기를 들어 보이거나, 값비싼 차 대신 숭늉처럼 구하기 쉬운 것으로 바꾼 거예요. 조선에서 마련할 수 있고, 조선 사람들이 생각하기에 좋은 음식으로 정성껏 차리는 것이 옳다는 생각이 엿보입니다.

생전에 즐겨 먹던 음식으로 정성을 다하여

사실 집집마다 제사상을 차리는 방법은 달랐습니다. 그저 밥과 국, 수저를 기본으로 하여 갖가지 음식을 정성껏 차렸지요. 그 지역에서 쉽게 구할 수 있는 먹을거리로 평소에 먹는 음식과 잔치 음식을 함께 차렸습니다. 가령 경상북도 안동에서는 지금도 제물로 상어와 문어를 올립니다. 전라남도 나주에서는 홍어를 올리는 집이 많고요. 비록 돌아가신 분이지만 생전에 즐긴 음식을 잘 차려서 기쁘게 해 드리려는 뜻입니다. 제사를 드린 뒤에는 제사 음식을 다 같이 나누어 먹는데, 이것이 음복입니다.

17세기까지만 해도 제사는 남녀 후손들이 번갈아 가며 모셨습니다. 올해 큰 숙부 집에서 제사를 모시면, 내년에는 큰 고모 집에서 모시는 식이었지요. 당연히 유산도 남녀 후손들이 골고루 나누었어요.

그러다 조선 후기, 특히 18세기 이후에는 집안의 맏아들에서 맏아들로 내려오는 종손만이 제사를 모셨습니다. 제사 비용을 충당해야 하니까 집안의 토지와 돈도 종손이 관리하게 되었고요. 큰집에 가서 제사를 지내는 까닭은 여기에서 유래한 것입니다.

▼ 퇴계 이황에게 올리는 설날 차례상
퇴계는 부인이 일찍 죽어 재혼했으므로 세 명을 함께 모셨다. 설날이라 떡국에 술, 물, 각종 전, 간장, 물김치, 대구포, 과일을 올렸다.
제물을 간소하게 차리라는 퇴계의 유언에 따라 강정·약과 같은 유밀과를 올리지 않고, 음식도 높게 쌓아 올리지 않는다.

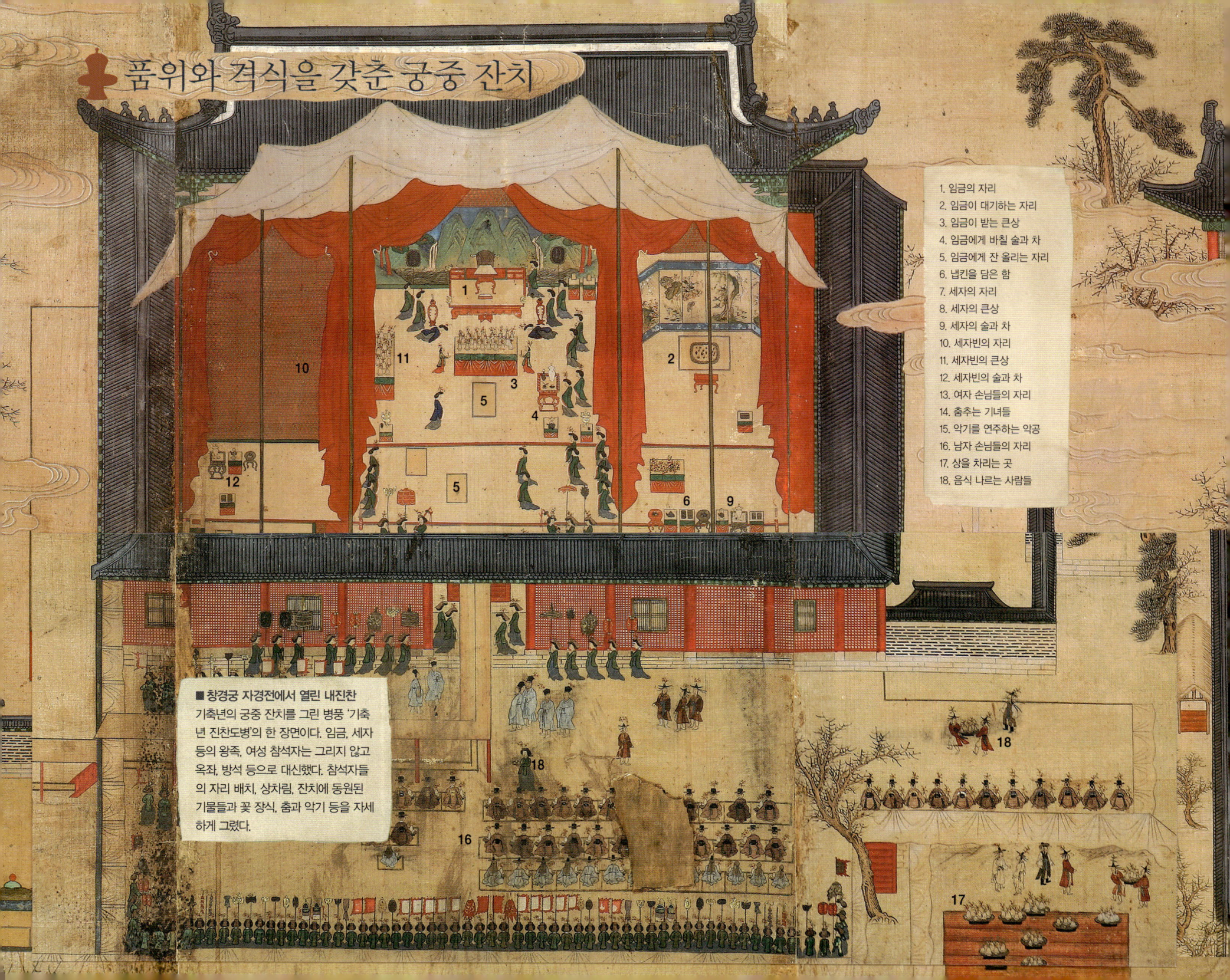

기축년 창경궁에서 열린 순조 임금의 생일잔치

1829년 2월, 창경궁에서 큰 잔치가 열렸습니다. 조선의 스물세 번째 임금 순조의 마흔 살 생신을 기념하여 아들 효명세자가 올리는 잔치입니다. 이 잔치를 '기축년 진찬'이라 부릅니다.

조선의 궁중 잔치는 왕이나 왕비의 생일, 세자의 탄생과 책봉, 왕실의 혼례, 외국 사신을 맞을 때나 명절과 같이 왕실에 특별히 기념하거나 축하할 일이 있을 때 열렸습니다. 궁중 잔치 가운데 생일잔치는 진연 혹은 진찬이라고 합니다. 진연은 제대로 격식을 갖춘 잔치이고, 진찬은 진연보다 절차와 의식이 간단한 잔치입니다. 또한 진연이나 진찬은 내외로 나누어 엽니다. 내진찬과 내진연은 임금과 임금의 일가친척이 참석하는 잔치이고, 외진찬과 외진연은 임금과 신하들이 참석하는 잔치입니다.

기축년 진찬은 외진찬이 2월 9일에 창경궁 명정전에서 열렸습니다. 내진찬은 사흘 뒤인 2월 12일에 순조의 아내이자 효명세자의 어머니인 순원왕후가 기거하는 자경전에서 열렸고요.

음악이 울리고 춤을 추고 꽃과 음식을 임금에게 바친다

자경전 마당에 차양을 쳤습니다. 대청마루에는 임금이 앉을 옥좌가 놓였습니다. 그 앞에는 고임 음식을 화려하게 차린 큰상이 있습니다. 잔치를 대표하는 음식입니다. 내진찬이라 왕과 왕실 가족, 왕의 친족인 종친, 왕실과 혼인으로 맺어진 인척, 대신의 아내들이 참석했습니다. 왕비는 모친상 중이어서 참석하지 않았어요.

왕과 세자를 제외한 남성 참석자의 자리는 자경전 바깥에 마련되었습니다. 조선시대에는 남녀를 엄격히 구분했으니까요. 행사를 돕는 이들도, 춤을 추거나 노래를 하는 이들도, 깃발을 드는 이들도 모두 여성입니다. 음악을 연주하는 이들은 남성이지만 그 앞에 노란 천을 드리워 모습을 가렸습니다.

아침 7시, 잔치가 시작됩니다. 임금이 등장하자, 임금의 업적과 덕을 기리는 음악이 울렸습니다. 곧이어 무용수들이 춤을 추었습니다. 태조 이성계가 나라를 세우기 전에 신선이 꿈에 나타나 금으로 만든 자를 주었다는 내용입니다. 임금이 자리에 앉자, 임금의 장수와 나라의 발전을 비는 음악이 울렸습니다. 모두 일어나 임금에게 네 번 절을 합니다. 다시 나라의 평안과 화합을 비는 음악이 울렸습니다. 궁녀가 임금에게 음식을 올리고, 이어 꽃을 올리고, 그럴 때마다 음악이 이어졌습니다.

▲ **잔치에 화려함을 더하는 꽃 장식**
궁중 잔치는 물론 백성들의 잔치에도 꽃이 빠지지 않는다. 용무늬 청화백자에 커다란 꽃 장식을 꽂아 연회장 좌우에 두었다. 비단으로 만든 조화에 공작을 비롯한 각종 새와 곤충 장식으로 치장했다.
연회장 곳곳에 크고 작은 꽃 장식이 놓였고, 잔치에 참석한 이들은 모두 머리에 꽃을 꽂았다.

▲ **용무늬로 장식한 촛대**
나무에 용무늬를 새기고 채색한 촛대다. 이 촛대를 높다란 금속제 촛대에 꽂아 높이 세운다. 바닥에서 초까지 높이가 보통 사람의 키를 훌쩍 넘을 정도다. 궁중 잔치에 위엄과 화려함을 더해 준다.

■ 궁중 잔치에서 쓰는 상
붉은색 옻칠을 올리고 아름답게 장식한 상이다. 붉은 비단과 초록 비단을 둘러 장식하기도 한다. 궁중 잔치에는 술과 차, 음식뿐 아니라 각종 기물을 올려놓을 상이 여럿 필요하다.

일곱 번 잔을 올리고 천세를 부르고 음식을 즐긴다

연회는 술이나 차를 일곱 차례 임금에게 올리는 것으로 이어졌습니다. 이를 작(爵)이라고 합니다. 작은 술잔을 뜻해요. 먼저 효명세자가 제1작으로 술을 올렸습니다. 직접 임금에게 올리지는 않아요. 궁녀가 잔을 받아서 대신 임금에게 올립니다. 이어서 임금에게 간단한 안주와 탕, 만두 따위 음식을 올려요. 제2작은 세자빈이 차를 바쳤습니다. 신하들이 참석하는 외진찬에서는 영의정이 제2작을 올립니다. 차를 올린 뒤에는 다식을 올렸어요.

제3작부터 제7작은 잔치에 참석한 왕실의 친인척과 대신의 부인이 차례로 올렸습니다. 잔을 올릴 때마다, 임금을 찬양하는 말과 임금이 치하하는 말이 오가고 음악이 울렸습니다. 7작을 마치면 모두 일어나 임금에게 절하고 천세, 천천세를 외쳤습니다. 천세는 천 년 동안 건강하게 살라는 뜻입니다. 임금은 세자와 세자빈에게 술을 내리고, 이어 모두에게 술과 음식을 권합니다.

임금이 자리를 떠나면 행사가 마무리되었어요. 시간은 이미 오전 9시를 넘겼습니다. 이날 잔칫상을 받은 사람은 모두 115명입니다. 연회가 끝난 뒤 잔치 음식을 따로 나누어 주는 사찬상을 받은 사람은 33명입니다.

산해진미 위에 붉은 꽃이 피고

잔치 음식은 모두 127가지였습니다. 조선 최고의 요리사들이 솜씨를 발휘하여 산과 들, 바다에서 나는 온갖 재료로 다양한 요리를 마련했어요. 약밥, 만두, 국수도 있고 국은 고기·해산물·채소를 섞어 끓인 잡탕, 완자를 넣은 완자탕을 비롯하여 11가지나 되었어요. 신선로에 끓인 열구자탕, 해삼증·전복숙·돼지고기수육 등의 갖가지 찜에 전과 조림, 포, 구이, 편육도 여러 종류였습니다. 생선 살을 만두피로 한 어만두, 생선 살과 채소를 채 썰어 겨자로 버무린 어채 등 회 종류도 9가지나 되었고요.

떡도 스무 가지 가까이 되었고, 유밀과, 강정, 다식, 정과, 숙실과, 옥춘당·팔보당 같은 사탕까지 과자 종류도 수십 가지였어요. 배·귤·석류 등의 과일, 화채·수정과·작설차와 같은 음료도 빠지지 않았습니다.

임금의 일상 음식이 검소한 것과는 달리, 궁중 잔치 음식은 왕실의 품격에 어울리게 다양하고 화려했습니다. 조선 음식 열전이라 할 만큼 온갖 음식을 차렸지만, 특히 떡과 과자가 많았어요. 음식 위에는 붉은 종이로 만든 꽃을 꽂아 경축의 의미를 더욱 강조했고요.

■ 신분 따라 그릇도 다르다
임금에게 올리는 술은 용을 새긴 병에 담는다. 왕족의 술병에는 세발까마귀와 옥토끼를 새겼다.
술병 재료도 신분 따라 다르다. 으뜸은 옥으로 왕과 왕비만 쓴다. 다음은 은에 금을 입힌 것이고, 그 다음은 은, 놋, 도자기 순이다. 수저도 왕·왕비·세자·세자빈·대왕대비는 은수저를 쓰고, 공주 이하 종친은 놋수저를 썼다.

▼ 음식 위에 놓인 꽃, 상화
큰상 위의 음식뿐 아니라 각자 먹는 음식에도 물기가 없는 음식에는 꽃을 꽂아 장식한다. 꽃의 종류와 개수는 신분에 따라 다르다. 상화는 연회에 화려함을 더하는 장식품이자 등급을 나타내는 상징물이다.

▲ 잔칫상의 중심은 떡
세자에게 올린 각색 갱증병이다. 갖가지 시루떡을 켜켜이 올리고, 맨 위에 두텁떡을 둥글게 괴어 탑처럼 쌓았다. 떡의 높이만 1자 7치, 대략 55㎝다. 임금에게 올린 떡은 67㎝다. 음식 가운데 떡을 가장 높게 괸다.

닭고기와 쇠고기, 전복 등을 넣고 끓인 금중탕

연한 돼지고기에 생전복과 순무를 넣고 간장, 깨, 기름으로 버무려 익힌 연저증

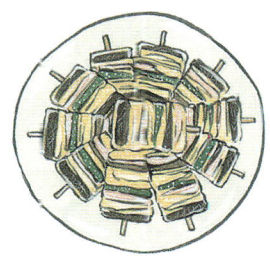
쇠고기와 해산물, 채소를 꼬치에 꿰어 밀가루 옷을 입혀 기름에 지진 화양적

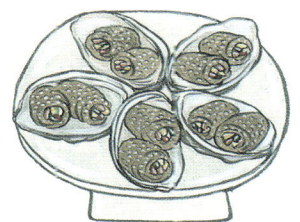
전복회, 소의 콩팥과 천엽을 살짝 익힌 숙회를 전복 껍데기에 담은 삼색 갑회

육포나 어포를 꽃이나 봉황 모양으로 오린 절육

연근을 꿀에 조린 연근정과

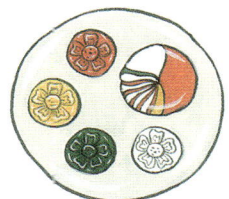
알록달록 사색 팔보당과 옥춘당

차수과, 깨강정, 요화과 등 과자

복잡한 절차는 임금의 권위와 위엄을 알리는 방법

궁중 잔치는 화려하면서도 절차가 매우 복잡했습니다. 음악과 춤과 음식을 즐기며 화합하는 잔치이자, 왕실의 위엄과 기강을 세우는 정치적인 행사였으니까요. 임금의 생일잔치가 가장 화려할 때는 술이나 차를 아홉 번 올리는 9작을 했어요. 각 한 단계마다 술이나 차를 올리고, 임금의 덕을 칭송하고, 음악을 연주하고, 춤을 추고, 음식을 바치는 과정이 이어집니다. 이렇게 반복하다 보면 참석자들은 자연히 임금에 대해 존경심을 품게 되지요. 이것이 바로 조선 임금의 엄격한 생일잔치였어요.

음식을 차릴 때는 등급에 따라 그릇도 다르고 음식의 가짓수도 달랐습니다. 음식을 고일 때도 엄격한 원칙이 있었어요. 가령 임금 앞에 차리는 고임의 높이가 1척 5촌이면, 왕세자는 1척입니다. 그 아래 등급의 참석자는 더 낮고요. 조선 왕실은 잔치 음식의 상차림을 통해서 등급을 드러내려 했습니다. 궁중 잔치의 엄격한 질서와 격식에는 임금과 신하의 도리를 강조하고, 지엄한 임금의 위엄을 한껏 드러내려는 뜻이 담겨 있습니다.

궁중 잔치 음식은 남자 요리사가 만든다

잔치 음식은 사옹원에서 맡았습니다. 사옹원은 궁중 음식의 사령탑과 같은 곳입니다. 왕실에 진상되는 식재료를 관리하고, 궁궐에서 음식 차리는 과정을 총괄하는 관청이거든요. 사옹원의 잔치 책임자는 양반 관리입니다. 그 밑에 음식 종류별로 재부, 선부, 조부, 임부, 팽부라고 부르는 주방장과 전문 조리사가 있어요. 이들을 숙수라고도 부릅니다.

음식 재료를 다듬고 조리하는 일은 각색장이라 부르는 남자 노비들이 맡았습니다. 이들은 각자 담당하는 음식의 종류에 따라 직책 이름이 달랐어요. 별사옹은 고기, 적색은 전, 반공은 밥과 국, 주색은 술과 음료, 병공은 떡과 과자를 맡은 조리사였어요. 숙수는 물론이고 각색장도 모두 남자였습니다. 잔치 음식은 종류도 다양하고 양도 무척 많으니 궁녀들이 하기에는 힘에 부쳤지요. 각색장들은 보통 때는 왕실의 여러 처소에 나뉘어 있다가, 잔칫날이 정해지면 임시로 만든 부엌인 조찬소에 모여 요리를 했습니다.

장수하기를 비는 국수

꿩을 통째로 양념해 익힌 전치수

▶ **음식을 나르는 들것, 가자**
잔치가 끝나면 고임 음식을 나누어 종친과 양반 집에 보낸다. 궁중 음식을 맛본 여염집에서 이를 본뜬 음식을 만들며 서울 음식이 형성되었다.

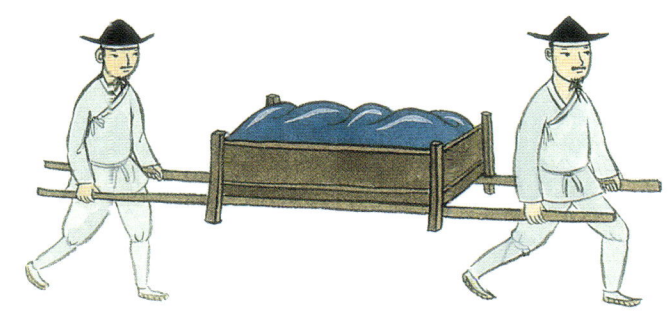

바쁜 세상, 간편한 식사

술값만 내면 밥도 먹고 잠도 자는 주막

예나 지금이나 밥을 사 먹어야 할 때가 있습니다. 하지만 조선시대에는 음식점이 드물었어요. 지위 높은 관리나 양반이 여행할 때는 관청이나 인연이 닿는 양반 집에 가서 밥도 먹고 잠도 잤습니다. 원이라고 하여 나랏일로 오가는 관리들에게 잠자리와 먹을 것을 마련해 주는 공공 여관도 있었고요.

서울식 추어탕

하지만 보통 사람들은 대부분 주막에서 묵으며 식사를 해결했습니다. 주막은 개인이 운영하는 음식점 겸 숙박 시설이었어요. 주막에서는 술값만 내면 밥도 먹고 잠도 잘 수 있었지요. 음식이래야 보리밥이나 조밥 따위 잡곡밥에 반찬은 짠지나 북어무침 정도였지만요.

장삿배들이 오가는 큰 포구에는 제법 근사한 주막도 있었습니다. 돈 많은 상인과 일꾼들이 몰려드니 돼지고기나 생선구이 같은 맛난 안주도 팔았어요. 조선 후기에는 상업이 발달하면서 사람들이 오가는 길목마다 술과 밥을 파는 주막이 들어서고 큰길가에는 주막거리도 형성되었지요.

조선의 패스트푸드, 국밥

설렁탕

아무래도 사람이 가장 많이 모이는 곳은 서울이었습니다. 18세기에 서울의 인구는 조선 초기의 두 배인 20만 명을 넘어섰어요. 번화가인 종로의 뒷골목과 북촌 일대, 청계천 북쪽에도 주막이 들어섰지요. 도회지 주막은 대개 간편하게 식사를 하는 음식점이었습니다.

주막은 술을 파는 곳이니 속을 풀 따뜻한 국물도 늘 준비되어 있었어요. 이런 국물을 술국이라고 하는데, 보통 소뼈를 푹 고아서 된장을 풀고 배추 우거지와 콩나물 따위를 넣어 끓였습니다. 뚝배기에 밥을 담고 뜨거운 술국을 붓기만 하면 한 끼 식사로 충분한 국밥이 금세 완성되었어요.

무를 넣고 끓여 간장으로 간을 맞춘 장국밥도 인기였습니다. 소뼈나 고기, 내장을 푹 고은 설렁탕이나 소의 피를 굳힌 선지를 넣고 끓인 선지 해장국도 팔았습니다. 밥과 국을 한꺼번에 먹는 국밥은 맛도 좋고 금세 먹을 수 있어서 인기였지요. 쉽고 간편하게 먹는 한 그릇 음식, 국밥은 조선의 패스트푸드였습니다.

선지 해장국

■ 갈 길 바쁜 나그네들 주막에서 요기하고
주막의 부엌은 방이나 마루에 바로 붙어 있어 음식을 내기 쉽다. 주모는 항아리에서 술을 뜨고, 갈 길 바쁜 나그네들은 숟가락질이 한창이다. 따끈한 국밥 한 그릇에 막걸리 한 사발이면 한 끼 식사로 든든하다.

전국의 유명 국밥집, 서울로 모이다

대구탕반

1876년, 조선은 굳게 닫았던 나라의 문을 열었습니다. 조선 사람들의 생활에도 많은 변화가 생겼어요. 사람들의 이동이 더욱 늘고 외식도 잦아졌어요. 20세기에 들어서면 도시의 골목마다 국밥집들이 들어섰습니다. 이런 음식점을 흔히 탕반점이라고 불렀어요. 지역마다 특색 있는 음식도 등장했습니다. 사람들이 일자리를 찾아 서울로 모여들듯이 전국의 유명한 탕반점들도 서울로 모여들었습니다. 물냉면의 대명사인 평양냉면, 육개장의 원조인 대구의 대구탕반, 네모난 만두인 개성의 편수, 경상도 대표 음식인 진주의 육회 비빔밥, 콩나물 해장국에 모주라는 술지게미 술을 함께 먹는 전주의 탁배기 국, 그리고 서울의 명물인 설렁탕과 추어탕입니다.

국밥은 사람들이 즐기는 간편한 식사이자 대표적인 외식 메뉴였습니다. 뜨끈한 국밥에 막걸리라도 한 잔 곁들이면 온종일 고된 노동으로 쌓인 피로가 풀렸어요. 간편하게 먹기로는 비빔밥도 좋았지요. 진주뿐만 아니라 서울과 해주, 전주 같은 도시에서도 비빔밥은 인기 높은 음식이었어요.

평양냉면

회갑연이나 단체 연회는 조선 요리옥에서

신선로·구절판·편육·생선회·전유어·게장 등 갖가지 음식을 차려 내는 음식점도 등장했습니다. 보통 사람들은 구경하기도 어렵던 궁중 잔치 음식까지 차려 냈어요. 술도 약주는 물론이고 일본 술, 맥주나 위스키 같은 서양 술까지 팔았고, 음식점이 넓어서 회갑연이나 혼례 잔치를 치를 수도 있었어요. 노래를 부르며 흥을 돋우는 기생도 있었고요. 상차림은 손님마다 한 상씩 차리는 게 아니라, 커다란 상에 음식을 놓아 여럿이 둘러앉아 먹게 했어요. 음식 값은 당연히 비쌌습니다. 국밥집에서 한 끼 먹는 돈의 몇 십 배가 들었지요.

이런 음식점을 조선 요리옥이라고 불렀습니다. 혜천관·명월관·식도원이 당시 서울에서 유명하던 조선 요리옥입니다. 하지만 일제강점기인 1920년대 이후, 조선 요리옥은 접시, 대접, 심지어 젓가락까지도 일본식으로 바뀌었습니다. 음식도 겉모양만 조선 음식처럼 보일 뿐 맛은 일본식으로 바뀌었어요. 나라를 잃은 국민의 비극이었지요.

■ 밥도 먹고 모임도 하는 조선 요리옥
사각형 상을 겨러 붙여 흰 종이를 깔고 음식을 차렸다. 평소 먹기 어려운 신선로에 갈비찜도 있다. 일본 술과 서양 술인 맥주가 같이 오르고, 갓 쓰고 두루마기 입은 사람, 단발하고 양복 입은 사람이 함께 둘러앉았다.

🌼 밥상 위에서 만나는 세계

■ 조일통상조약 기념 연회 그림

조일통상조약은 일본 상품에 관세를 부과한 조약으로 1876년에 맺은 강화도조약의 문제점을 보완했다. 조선 대표는 민영목, 일본은 다케조에 신이치였으며, 독일인 묄렌도르프가 고문으로 참여했다.
개항과 함께 조선의 많은 것이 바뀌기 시작했고 조선의 음식 문화 또한 변화하였다.

식탁 위에서 조선과 서양이 만나다

1883년, 조선은 일본과 새로 통상조약을 맺었어요. 이를 기념하여 열린 연회가 그림으로 그려졌지요. 그림을 보면 조선 관리와 일본 관리, 서양 사람이 섞여 앉았고 식탁 차림 또한 조선식과 서양식이 섞여 있습니다. 사람들 앞에는 나이프와 포크, 스푼이 놓였고 사기로 만든 양념 통과 각설탕을 담은 분청사기도 있어요. 접시에 담긴 음식은 고기에 빵가루를 입혀 튀긴 커틀릿입니다. 백자 주전자에는 술이 담겼을 텐데 술잔 모양을 보면 위스키나 코냑 같은 서양 술로 짐작됩니다.

식탁 한복판에는 촛대와 꽃병 한 쌍, 고임 음식 다섯 그릇이 놓였어요. 식탁에 초와 촛대를 올린 것은 서양식입니다. 연회를 축하하는 꽃 장식과 고임 음식은 조선식이고요. 자리 배치는 협상 당사자끼리 마주보는 것이 아니라, 조선식으로 조선 대표가 윗자리에 앉았습니다. 조선의 관습과 생각 위에 서양의 음식과 식기가 차려진 셈이에요. 변화를 받아들이되 자기다움을 잃지 않으려던 조선이 식탁 위에서 서구 문물을 만났습니다.

거리에는 양식당, 청요리점, 일본 과자점이 들어서고

인천 쿠두 노동자들의 끼닛거리 짜장면

19세기 말에 서울에 온 서양인들은 낯선 음식과 숙소 때문에 고생을 했습니다. 그러다 1900년을 전후하여 손탁호텔을 비롯한 서양식 호텔들이 하나 둘 들어섰어요. 서양인이 운영하는 이들 호텔에서는 커피도 팔고 서양 요리도 팔았어요.

중국인이 많이 사는 인천과 서울의 남대문 북쪽에는 청요리점이라 부르던 중국 음식점도 생겼습니다. 물만두를 비롯하여 탕수육, 해삼탕 같은 음식을 팔았어요. 짜장면이 등장한 것도 이 시기입니다. 짜장면은 산동 출신 중국인들이 먹던 작장면에서 비롯되었어요. 인천항에서 일하는 일꾼들을 상대로 거무스레한 중국 된장을 볶아서 국수에 얹어 팔던 것이 한국인 입맛에 맞게 바뀌어 짜장면이 되었지요.

일본인이 많이 사는 서울의 명동과 충무로 일대에는 왜떡이라 부르던 일본 과자와 우동을 파는 가게가 생겼습니다. 서양 음식을 파는 양식당과 카페, 케이크를 파는 제과점, 커피를 파는 다방도 속속 들어섰고요. 1920~30년대에 이르면 서울 중심가에 세계 각국의 음식을 파는 식당들이 늘어섰습니다.

국물에 적셔 먹는 일돈 우동

일본 과자 센베이 / 중국 과자 월병

■ 서울 거리에서 만나는 다른 나라 음식
일본 과자점, 일본 음식점뿐 아니라 서양 음식점도 대개 일본인들이 운영했다 그러다 보니 조선에 들어온 서양 음식은 일본식으로 바뀐 음식이 많다. 대표적인 음식이 서양의 커틀릿이 변형된 돈가스다.

대량생산되는 음식

공장에서 음식을 만들다

서유럽과 미국은 산업혁명에 성공하면서 18세기 후반부터 기계를 이용하여 먹을거리를 대량생산했습니다. 제분 공장에서는 증기기관을 이용하여 밀가루를 빻았고, 19세기 초엽에는 통조림까지 등장했어요.

한반도에서 기계 설비를 갖춘 식품 공장은 통상조약을 맺은 뒤에 한반도로 몰려든 일본인들이 만들기 시작했습니다. 최초의 식품 공장은 두부 공장이에요. 이미 1904년에는 일본의 전통식 간장 공장이 세워졌습니다. 하지만 1920년대가 되면 메주 대신 밀이나 콩깻묵을 화학적으로 분해하고 첨가물을 넣은 간장을 만들기 시작했습니다. 이른바 왜간장입니다. 이로 인해 집집마다 특색 있던 장맛이 공장에서 만든 왜간장 맛으로 통일되고 말았지요.

아지노모토라는 화학조미료도 나왔습니다. 지금은 건강에 그다지 좋지 않다고 알려진 글루탐산나트륨(MSG)입니다. 신문이나 잡지에는 현대적인 여성, 문화인이라면 아지노모토를 꼭 써야 한다는 광고가 커다랗게 실렸어요.

집에서 술 담그는 일을 법으로 금하면서 막걸리도 양조장에서 만들었습니다. 얼음도 공장에서 만들고, 냉면이 인기를 끌자 메밀국수도 공장에서 대량생산했어요. 이렇게 공장 식품의 시대가 시작되었습니다.

일제강점기 화학조미료 광고

■ 가공식품이 바꾸어 놓은 세상

근대화와 함께 시작된 공장 식품은 전통의 맛을 왜곡시켰다. 식품의 안전성 문제도 끊임없이 일어난다. 대량생산된 식품은 인류에게 편리함과 풍요로움을 안겨 주었지만, 인류가 치러야 하는 대가도 그만큼 컸다.

◀ 가공식품의 성분 표시

식품을 가공하다 보면 원재료의 맛과 향, 질감이 손실된다. 유통기한을 늘리고 이윤을 높이려고 값싼 재료를 쓰거나 아예 다른 재료로 만들기도 한다. 눈에 잘 띄게, 보기에 그럴 듯하게, 쉽게 입맛이 당기도록 자극적인 맛을 낸다. 가공식품에 색소, 향료, 방부제 따위 식품첨가물이 들어가는 까닭이다.

원조 밀가루와 분식의 시대

1950년에 한국전쟁이 터지며 한반도는 3년 가까이 전쟁의 소용돌이에 휘말렸습니다. 일제강점기에 이어 전쟁까지 겪으니 나라 형편이 말이 아니었어요. 농사를 제대로 짓지 못하니 식량이 부족해서 굶주림에 시달리는 사람들도 많았고요.

그런데 당시 미국은 국내에 밀이 남아돌아서 골치가 아프던 차였어요. 미국 정부는 식량이 부족한 한국과 일본에 밀가루를 구호물자로 주었습니다. 한국 정부는 공짜로 받은 밀가루를 국민에게 나누어 주었어요. 굶주리던 사람들은 밀가루로 수제비나 국수, 빵 따위를 만들어 끼니를 해결했지요. 한국 사람들이 밀가루 음식을 많이 먹기 시작한 것은 이때부터입니다.

그와 함께 빵이나 고기, 유제품을 많이 먹는 서구식 식습관이 건강에 좋다는 생각도 널리 퍼졌습니다. 쌀이 부족하니 정부에서는 한동안 쌀에 잡곡을 섞어 먹는 혼식, 밀가루로 만든 음식을 많이 먹자는 분식 장려 운동까지 펼쳤지요. 우리가 필요한 만큼 쌀을 생산하게 된 것은 1970년대 후반에 이르러서입니다.

◀ 1960년대 혼식·분식 장려 포스터
쌀은 밥뿐 아니라 떡, 과자, 조청, 술과 같은 전통 음식을 만드는 재료다. 벼농사를 시작한 이래로 쌀 생산을 늘리려는 노력은 계속되었다.
1970년대 후반부터 쌀은 자급자족하게 되었지만, 그릇된 농업 정책으로 잡곡은 대부분 외국에서 수입해야 한다.

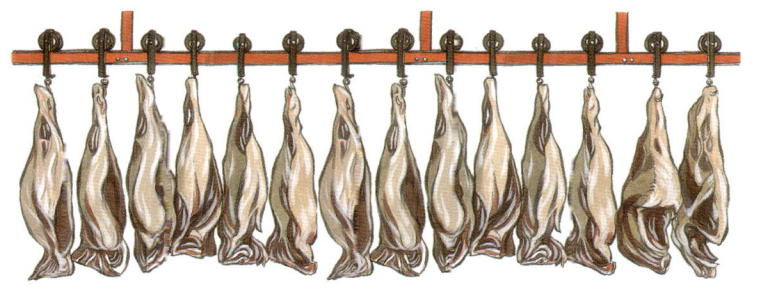

인스턴트식품, 패스트푸드, 수입 식품, 공장식 농장

공장에서 만드는 식품은 갈수록 늘었습니다. 1960년대를 전후하여 인스턴트식품도 등장했어요. 일본에서 개발된 인스턴트 라면이 국내 생산되며 엄청난 인기를 끌었지요.

1980년대에는 미국식 패스트푸드도 등장했어요. 햄버거·피자·도넛을 파는 체인점이 하나둘 문을 열었습니다. 음식을 빨리 만들고 빨리 먹는 세상, 똑같은 맛을 내는 음식을 대량생산하는 세상이 되었습니다.

살림살이가 넉넉해지면서 식탁은 점점 풍성해졌습니다. 고기 소비량도 빠르게 늘었고요. 쇠고기 소비량이 갑자기 늘자 생산량이 모자라 외국에서 수입을 했습니다. 삼겹살 구이가 인기를 끌면서 삼겹살도 수입에 의존하게 되었어요. 수입 고기라고 모두 나쁜 것은 아니었지만 옳지 않은 방법으로 키운 소나 돼지가 식탁에 올라오며 문제가 생겼습니다. 빨리 키우고 빨리 팔려고 가축을 대량사육하면서 초식동물인 소에게 고기 성분의 사료를 먹였어요. 그래서 생긴 병이 광우병입니다. 꼼짝달싹할 수도 없는 우리에 가두어 키워서 동물들의 스트레스가 심할 뿐 아니라 구제역이나 조류 인플루엔자 같은 전염병도 쉽게 퍼졌지요. 가축의 분뇨는 땅과 하천을 오염시켰고요. 20세기의 대량생산이 만들어 낸 풍성한 식탁, 그 뒤에 숨어 있는 무서운 현실입니다.

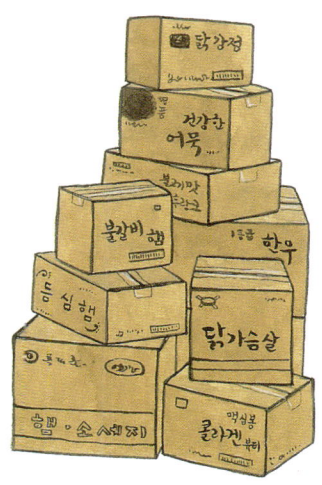

■ 동물에게 가혹하면 인간에게도 위험하다
가축의 대량사육은 문제가 많다. 이윤이나 효율성만을 중요하게 여기니 가축을 움직이기도 어려운 좁은 우리에 가두고, 밤새도록 불을 밝혀 잠을 재우지 않거나, 초식동물에게 고기 성분 사료를 먹인다. 성장촉진제나 항생제도 마구 쓴다. 이렇게 생산된 건강하지 않은 고기는 인간의 건강도 위협한다.

몸에 좋은 한식, 그 뒤에 숨은 그림자

전주비빔밥

지금도 우리는 한식을 먹습니다. 외국인들도 한식을 즐겨 먹어요. 한식이 영양에서나 맛에서나 세계 최고라고 하는 사람도 많지요. 하지만 우리 식탁을 자세히 들여다봅시다.

쌀은 국산이지만 나머지는 그렇지 않아요. 두부나 된장, 간장을 만드는 콩은 90%를 외국에서 수입합니다. 빵이나 국수를 만드는 밀, 가축 사료로 쓰이는 옥수수는 99%를 수입해요. 고춧가루도 50%만 국산입니다. 과일이나 채소는 또 어떻고요. 제사상에 올리는 고사리는 국산이 거의 없어요.

수입 농산물에는 먼 거리를 운송하는 동안 썩지 말라고 방부제를 뿌립니다. 수확량을 늘리려고 화학비료나 제초제도 쓰지요. 오래 두어도 상하지 않게 유전자를 조작하기도 합니다. 그러니 한식이라고 해도 재료는 외국산이거나 나쁜 방법으로 만든 것도 많습니다.

포파얀의 크리스마스 음식

옳지 않은 방법으로 만든 나쁜 먹을거리

우리가 즐겨 먹는 달콤한 초콜릿은 카카오로 만듭니다. 그런데 아프리카 가나의 카카오 농장에서는 25만 명에 이르는 어린이들이 노예처럼 힘겹게 일합니다. 이렇게 생산한 초콜릿은 나쁜 초콜릿입니다.

과자 포장지를 살펴보면 어김없이 화학조미료가 들어 있습니다. 아이스크림이나 음료수에도 각종 인공 첨가물과 착색제가 쓰입니다. 이를 먹는다고 해서 당장 몸에 해로워지는 않아요. 하지만 이런 인공 첨가물을 자꾸 먹으면 입맛이 길들여져서 계속 먹게 만듭니다. 중독되는 셈이에요.

가축에게 좋지 않은 사료를 먹이거나 성장촉진제와 항생제를 마구 주사하고, 채소·과일에 화학비료나 제초제를 마구 뿌려 기르기도 합니다. 먹는 사람의 건강을 생각하지 않고 오로지 보기 좋게, 많이, 빨리 생산한 먹을거리는 나쁜 먹을거리입니다.

음식은 문화다

20세기 이전만 해도 가족은 먹을거리를 함께 생산하고 음식을 함께 나누는 공동체였습니다. 한솥밥을 나누며 한 세대에서 다음 세대로 음식도, 식성도, 전통도 이어졌어요. 전 세계의 가족들이 모두 그렇게 살았지요. 그러나 어느새 패스트푸드와 인스턴트식품이 넘쳐나는 세상이 되었습니다. 먹을거리를 기르고 만들고 먹을 사람, 그들이 사는 지역의 자연환경과 문화, 전통은 뒷전이 되었어요.

하지만 음식은 단순한 상품이 아닙니다. 먹을거리는 생명과 직결되고, 먹을거리를 생산하는 과정은 생태·환경과 밀접하게 연관됩니다. 또한 음식은 각 지역의 풍속과 역사, 전통이 깃든 중요한 문화예요. 그래서 1980년대 중반부터 슬로푸드 운동이 시작되었어요. 자기 고장에서 나는 먹을거리로, 인공 조미료를 쓰지 않고 안전하게 조리하고, 지역의 다양한 음식 문화 전통을 지키고, 친환경적으로 먹을거리를 생산하여 생태계를 보호하자는 게 슬로푸드 운동의 핵심입니다.

인간은 요리하는 동물이다

그럼 우리는 좋은 음식을 만들기 위해 어떤 노력을 해야 할까요? 우선 먹을거리가 어떻게 생산되는지 그 과정을 알아야 합니다. 좋은 것만 골라 먹는다고 해서 해결되는 건 아니에요. 베란다나 옥상에 화분을 마련하고 채소를 직접 길러 보는 것도 좋아요.

다음으로는 착한 재료를 구해서 직접 음식을 만드는 거예요. 스스로 맛을 내 보면 가공식품이 어떻게 만들어지는가를 짐작할 수 있거든요. 할머니나 엄마에게 묻거나 자료를 조사해서 깍두기 담그는 방법을 정리해 보세요. 무와 파, 마늘, 고춧가루 따위 재료를 준비하여 직접 담그는 거예요. 별로 어렵지 않아요.

마지막으로 직접 밥상을 차려 보세요. 직접 담근 깍두기도 빠뜨리지 말고요. 식구들이 둘러앉아 함께 먹으면 정말 뿌듯할 거예요. 음식은 배고픔만을 해결해 주는 게 아니에요. 함께 나누고 서로를 이해하게 해 줍니다. 그래서 음식은 자연이 준 생명이면서 인간의 역사이기도 합니다.

▲ 착한 먹을거리 구별하기

'공정 무역' 마크는 생산자에게 정당한 대가를 지불한 먹을거리임을 표시한다. 푸드 마일리지는 식재료의 수송 거리다. 지수가 낮을수록 가까운 지역에서 생산된 것이니 신선하고 안전하다. '유기농'은 화학비료를 쓰지 않은 먹을거리, 'NON GMO'는 유전자 조작을 하지 않은 먹을거리, '동물 복지'는 윤리적으로 생산된 축산물임을 알리는 표시다.

외스테르순드의 치즈 장인들이 만든 치즈

■ 지역의 음식 문화는 소중한 문화유산

유네스코는 예술·문화 분야에서 역사와 전문성이 있는 도시를 지원하는 창의 도시 네트워크 사업을 한다. 7개 분야 가운데 음식 문화가 있다.

2013년 2월까지 선정된 음식 문화 창의 도시는 콜롬비아의 포파얀, 중국의 청두, 스웨덴의 외스테르순드, 그리고 한국의 전주다.

찾아보기

ㄱ

가공식품 52, 53, 55
가야 10, 16
간장 11, 12, 13, 15, 19, 22, 27, 34, 35, 36, 39, 40, 41, 47, 48, 52, 55
갈돌, 갈판 6, 7, 9
고구려 11, 14, 15, 16, 17, 18, 19, 21, 34
고구려 고분벽화 14, 15, 16, 17
고려, 고려시대 12, 13, 16, 17, 18, 19, 20~25, 34
고사리 4, 7, 13, 20, 21, 30, 55
고임 음식 14, 16, 45, 46, 47, 50, 51
고추 32, 33, 34, 38, 39
고추장 33
곡식, 곡물 6, 7, 8, 9, 10, 12, 13, 16, 25, 27, 35
공정 무역 55
과일, 과실 16, 22, 30, 31, 37, 38, 40, 41, 46, 55
과자 16, 22, 23, 27, 30, 31, 40, 46, 47, 51, 53, 55
구석기시대 4, 5
구석기인의 요리법 5
국 9, 11, 18, 19, 21, 27, 29, 34, 35, 40, 41, 46, 47, 48
국밥 48, 49
국수 9, 17, 18, 24, 27, 38, 46, 47, 51, 52, 53, 55
궁중 잔치, 진연, 진찬 42, 44, 45, 46, 47
기축년 진찬도병 44
김치, 김장 12, 13, 27, 29, 30, 31, 33, 34, 35, 38, 39, 40, 41
꽃 장식 16, 45, 46, 50, 51
끼니 26, 27, 53

ㄴ

나물 11, 12, 20, 21, 27, 30, 31, 32, 34, 36, 40, 41
나이프, 포크, 스푼 18, 51
내의원 28, 29
놋그릇, 유기 19, 34, 46
농가월령가 39
농사 7, 8, 9, 10, 15, 24, 26, 27, 53
높은 밥상 14, 15, 16, 17, 18, 23, 50, 51

ㄷ

다락창고 9
다식 22, 46
다유, 다탕 22, 23
단오 36, 37, 40
대량생산 52, 53
도기 19
도문대작 31
도토리 6, 7, 27, 29
독상, 외상 17, 34
동국세시기 36, 38

ㅁ

마늘 13, 15, 29, 31, 32, 33, 38, 39, 55
만두 17, 24, 30, 38, 46, 49, 51
맥적 11, 15
메주 11, 27, 52
명절 음식 16, 31, 36, 37, 38, 39
몽골 5, 24, 25
무, 순무 7, 12, 13, 20, 21, 47, 31, 33, 36, 38, 39, 48, 55
미암일기 40
밀, 밀가루 9, 17, 22, 24, 38, 52, 53, 55

ㅂ

반찬 9, 12, 13, 15, 18, 21, 27, 34, 35, 48
발효 11, 13, 19, 24, 25
밥 8, 9, 12, 13, 15, 18, 21, 24, 27, 29, 34, 35, 40, 47, 48, 53
밥을 부르는 여러 이름 34
배추 13, 33, 38, 39, 48
백제 18, 19
범벅 7, 9
벼농사 8, 9, 15, 27, 53

ㄷ (cont.)

된장 11, 12, 13, 48, 51, 55
두부 24, 25, 31, 52, 55
떡 9, 16, 22, 30, 31, 36, 37, 38, 40, 46, 47, 53
떡국 36, 41

보양식 29
불교 21, 22, 25, 27
비빔밥 49, 55
빗살무늬토기 6, 7, 19

ㅅ

사기 34, 51
사옹원 47
삼국시대 9, 11, 13, 16, 18, 19, 21, 32
설날, 정월 초하루 36, 40, 41
설렁탕 5, 48, 49
성리학 23, 27
세찬 36
소금 10, 11, 12, 13, 21, 25, 27, 33, 38
소반 17, 34
소주 25
솥 9, 10, 18, 19
수저, 숟가락, 젓가락 17, 18, 24, 34, 40, 46, 49
순조 45
술 13, 14, 16, 19, 21, 24, 25, 36, 37, 40, 41, 42, 46, 47, 48, 49, 51, 52, 53
숭늉 34, 36, 40, 41
슬로푸드 운동 55
시루 9, 15, 16, 19, 22, 36
식의 28
식치, 식료, 식이요법 28
식품첨가물 52, 55
식혜 13, 41
신라 11, 16, 18, 19, 36
신문왕 11, 13
신석기 농업혁명 7
신석기시대 6, 7, 8, 9, 19
실크로드 16, 19, 32
쌀 8, 9, 25, 26, 29, 34, 35, 53, 55
쌍화, 상화 24

ㅇ

아메리카 33
약식동원 29
양념 13, 31, 32, 33, 38, 39, 47, 51
염장법 13
원나라 24, 25
유네스코 음식 문화 창의 도시 55
유밀과 22, 41, 46
음복 41
이규보 12, 21
이색 13, 24
이황, 퇴계 41
인스턴트식품 53, 55
일본 8, 11, 13, 16, 18, 21, 29, 32, 33, 49, 50, 51, 52, 53

ㅈ

잡곡 8, 9, 53
장 10, 11, 12, 15, 38
장아찌, 짠지 12, 13, 15, 31, 33, 34, 39, 48
절구 9, 11, 22
젓갈 11, 13, 19, 21, 31, 33, 40, 41
제사 8, 16, 21, 22, 23, 25, 26, 36, 38, 40, 41
조개무지 7
조선, 조선시대 13, 16, 17, 18, 19, 23, 24, 25, 26~51
조선시대 요리책 28, 29, 31, 35
조일통상조약 기념 연회 50, 51
주막 48
죽 15, 27, 28, 29, 30, 31, 38, 39
중국 8, 11, 13, 14, 15, 16, 17, 18, 21, 23, 24, 25, 32, 33, 37, 41, 51, 55
중앙아시아 16, 24, 32
집 안 채마밭의 여섯 노래, 가포육영 12, 21
짜장면 51

ㅊ

차 16, 22, 23, 27, 31, 36, 41, 42, 46, 47
차례 22, 23, 36, 38, 41
천초 31, 32, 33
천초장 30, 31, 32, 33
철기시대 8, 9, 18, 19, 32
청동기시대 8, 9, 11, 18, 19
청자, 고려청자 19, 22, 23

추석 38, 40

ㅋ

콩 8, 9, 11, 15, 25, 37, 55
큰상 42, 45, 46

ㅌ

토기 6, 7, 8, 9, 10, 11, 12, 15, 19
통일신라 11, 13, 17, 18, 19, 21, 22

ㅍ

패스트푸드 48, 53, 55
페르시아 16, 25

ㅎ

허균 30, 31
홍석모 36
화전 37, 38, 39
화채 37, 39, 46
화학조미료 52, 55
효명세자 45, 46
후추 29, 32, 33

참고문헌

원사료

《구황촬요救荒撮要》
《순조기축진찬의궤純祖己丑進饌儀軌》
《승정원일기承政院日記》
《시의전서是議全書》
《원행을묘정리의궤園幸乙卯整理儀軌》
《음식방문飮食方文》
《조선왕조실록朝鮮王朝實錄》
강희맹,《금양잡록衿陽雜錄》
김부식,《삼국사기三國史記》
김종서,《고려사절요高麗史節要》
김종서·정인지·이선제,《고려사高麗史》
박제가,《북학의北學議》
빙허각 이씨,《규합총서閨閤叢書》
서유구,《임원경제지林園經濟志》
서유문,《무오연행록戊午燕行錄》
성현,《용재총화慵齋叢話》
유중임,《증보산림경제增補山林經濟》
이규보,《동국이상국집東國李相國集》
이색,《목은집牧隱集》
이응희,《옥담사집玉潭私集》
이익,《성호사설星湖僿說》
일연,《삼국유사三國遺事》
정약전,《자산어보玆山魚譜》
조엄,《해사일기海槎日記》
최세진,《훈몽자회訓蒙字會》
허균,《도문대작屠門大嚼》
허준,《동의보감東醫寶鑑》
홍석모,《동국세시기東國歲時記》
孔子 編,《詩傳》
徐兢,《宣和奉使高麗圖經》
李時珍,《本草綱目》
陳壽 編,《三國志魏志東夷傳》
洪皓,《松漠紀聞》

사전, 보고서, 도감

《무령왕릉: 발굴 조사 보고서》, 문화공보부 문화재관리국 편, 삼화출판사, 1974
《북한 문화재 발굴 개보》, 국립문화재연구소, 1991
《신창동 유적의 의의와 보존》, 국립광주박물관, 2010
《조선주조사》, 조선주조협회, 1935
《태안 마도 해역 탐사 보고서》, 국립해양문화재연구소, 2011
《한국민족문화대백과사전》, 한국정신문화연구원, 1991
《한민족역사문화도감: 식생활》, 국립민속박물관, 2007
안완식,《한국토종작물자원도감》, 이유, 2009

도록, 사진집

《겨레와 함께 한 쌀》, 국립중앙박물관, 2000
《고구려 고분벽화》, 연합뉴스, 2000
《국립고궁박물관》, 국립고궁박물관, 2005
《선비, 그 이상과 실천》, 국립민속박물관, 2009
《선사·고대인의 요리》, 복천박물관, 2005
《소금꽃이 핀다》, 국립민속박물관, 2011
《조선시대 궁중행사도》1, 국립중앙박물관, 2010
《조선시대 풍속화》, 국립중앙박물관, 2002
《태안 마도 1호선》, 국립해양문화재연구소, 2010
《태안 마도 2호선》, 국립해양문화재연구소, 2011
《한국 고대의 토기》, 국립중앙박물관, 1997
《한국 박물관 개관 100주년 기념 특별전》, 국립중앙박물관, 2009
《향연과 의례》, 국립중앙박물관, 2009
김원모·정성길 편저,《백 년 전의 한국》, 가톨릭출판사, 1986
최석로 해설,《민족의 사진첩》II, 서문당, 1994

단행본

강인희·이경복,《한국 식생활 풍속》, 삼영사, 1984
국립문화재연구소 편,《종가의 제례와 음식:진성 이씨 퇴계 이황 종가》, 월인, 2005
김건수,《한국 원시·고대의 어로 문화》, 학연문화사, 2000
김대길,《조선 후기 우금·주금·송금 연구》, 경인문화사, 2006
김상보,《조선시대의 음식 문화》, 가람기획, 2006
김상보,《한국의 음식 생활 문화사》, 광문각, 1997
김상보,《조선왕조 궁중 음식》, 수학사, 2004
김호,《허준의 동의보감 연구》, 일지사, 2000
김홍석,《우해이어보와 자산어보 연구》, 한국문화사, 2008
방신영,《조선요리제법》, 광익서관, 1921
경북대출판부 편,《음식디미방》, 경북대출판부, 2003
윤서석,《한국 요리》, 수학사, 1977

이상균, 《한반도의 신석기 문화》, 전주대출판부, 2010
이성우, 《고려 이전 한국 식생활사 연구》, 향문사, 1978
이성우, 《조선시대 조리서의 분석적 연구》, 한국정신문화연구원, 1982
이성우, 《한국식경대전》, 향문사, 1981
이성우, 《한국 식품 문화사》, 교문사, 1984
이시필, 백승호 외 역, 《소문사설, 조선의 실용 지식 연구 노트》, 휴머니스트, 2011
이용기, 《조선무쌍신식요리제법》, 영창서관, 1924
임상택, 《빗살무늬토기 문화 변동 과정 연구》, 일지사, 2008
임효재, 《한국 신석기 문화》, 집문당, 2000
장지현, 《한국 외래주 유입사 연구》, 수학사, 1992.
장지현, 《한국 전래 대두 이용 음식의 조리·가공사적 연구》, 수학사, 1993
장지현, 《한국 전래 면류 음식사 연구》, 수학사, 1994.
장지현, 《한국 전래 발효 식품사 연구》, 수학사, 1989
장쟈, 박혜순 역, 《공자의 식탁》, 뿌리와 이파리, 2002
전순의, 김종덕 역, 《식료찬요: 우리나라 최초의 식이요법서》, 에스민, 2006
전순의, 한복려 편, 《다시 보고 배우는 산가요록》, 궁중음식연구원, 2011
정혜경·이정혜, 《서울의 음식 문화》, 서울학연구소, 1996
조선주조협회 편, 《조선주조사》, 조선주조협회, 1935
주영하, 《그림 속의 음식, 음식 속의 역사》, 사계절, 2005
주영하, 《김치, 한국인의 먹거리》, 공간, 1994
주영하, 《음식 인문학》, 휴머니스트, 2011
주영하, 《음식전쟁 문화전쟁》, 사계절, 2000
주영하, 《차폰 잔폰 짬뽕》, 사계절, 2009
주영하 외, 《인문학자가 차린 왕실의 식탁》, 한국학중앙연구원 조선왕조 궁중음식 고문헌 연구단 심포지엄, 2012
주영하·김경택·남근우, 《제국 일본이 그린 조선 민속》, 한국학중앙연구원, 2006
한국농업사학회, 《조선시대 농업사 연구》, 국학자료원, 2003
한국문화재보호재단 편, 《우리 맛 우리 멋: 궁중음식 40선》, 2006
한국생활사박물관편찬위원회, 《한국생활사박물관》 1~12, 사계절, 2000~7
한국학중앙연구원, 《조선 후기 궁중 연향 문화》 2, 민속원, 2004
한복려 외, 《조선 왕조 궁중 음식》, 궁중음식연구원, 2010
한복진, 《우리 생활 100년, 음식》, 현암사, 2001
한복진, 《조선시대 궁중의 식생활 문화》, 서울대출판부, 2005
홍선표, 《조선요리학》, 조광사, 1940
황수로, 《아름다운 한국 채화》, 노마드, 2009
황수영·문명대, 《반구대 암각 조각》, 동국대출판부, 1984
石毛直道, 《人間·たべもの·文化》, 平凡社, 1985
河合利光 編著, 《比較食文化論》, 建帛社, 2000
日本生活學會 編, 《食の100年》, ドメス出版, 2001
樋口清之, 《日本食物史》, 柴田書店, 1994

논문

강봉룡, 〈서남해 지방의 해양사와 해양문화〉, 한국대학박물관협회 제45회 추계학술발표회, 2001
김기선, 〈설렁탕·수라상의 어원 고찰〉, 《한국식생활문화학회지》 12-1, 1997
김동호, 〈부산 지방의 패총〉, 《고문화》 4, 1966.
김상보, 〈18세기 궁중음식고: 원행을묘정리의궤를 중심으로〉, 《대한가정학회지》 22-4, 1984
김성진, 〈쇄미록을 통해 본 사족의 생활문화〉, 《동양한문학연구》 24, 2007
김원룡, 〈김해 패총 연다에 관한 재검토〉, 《역사학보》 9, 1957
김종덕, 〈'고효'에 대한 논쟁〉, 《농업사 연구》 8-1, 2009.
김지연, 〈한국 고대 시루(甑)에 대한 일고찰〉, 영남대 석사 논문, 2010
김희찬, 〈빗살무늬토기의 소성에 대한 실험적 분석〉, 《고문화》 49, 1996
박상헌, 〈낙동강구 동안의 패총〉, 《미술사학연구》 6-6, 1965
박옥주, 〈빙허각 이씨의 규합총서에 대한 문헌학적 연구〉, 《한국고전여성문학연구》 1, 2000
박종오, 〈자염 생산 관련 의례 고찰〉, 《남도민속연구》 16, 2008
서현주, 〈남해안 지역 원삼국시대 패총에 대한 연구〉, 서울대 석사 논문, 1996
서혜경, 〈우리나라 젓갈의 지역성 연구〉, 중앙대 박사 논문, 1987
신승운, 〈조선 초기의 의학서 식료찬요에 대한 연구〉, 《서지학연구》 40, 2008
신재혁·송지청, 〈식치찬요에서 돼지고기를 이용한 식치에 대한 고찰〉, 《대한한의학원전학회지》 24-3, 2011
안덕임, 〈동위원소 분석을 이용한 신석기시대의 식생활과 패총 유적의 점유 계절성 연구〉, 《동방학》 21, 2011
안덕임, 〈물고기 유체와 고고학〉, 《선사와 고대》 4, 1993
안덕임, 〈안면도 고남리 패총(8차 발굴조사) 출토 척추동물 유체에 관한 연구〉, 《선사와 고대》 13, 1999
안상우, 〈의방유취를 통해 바라본 전순의의 의학관〉, 《지역과 역사》 28, 2011
어강석, 〈구조적 상관성으로 본 쌍화점〉, 《고전문학연구》 38, 2010
유병일, 〈패총의 층위 형성에 대한 일고찰〉, 《고문화》 61, 2003
윤덕인, 〈고려시대의 식생활에 관한 연구〉, 《관동대논문집》 18-1, 1990
윤서석, 〈식생활의 전통 양식〉, 《전통적 생활양식의 연구》 중, 한국정신문화연구원, 1982
이건식, 〈조선 전기 문헌 자료에 나타난 거류명 표기에 대한 연구〉, 《국어학》 55, 2009
이동주, 〈빗살무늬토기 문화의 형성과 그 해석〉, 한국대학박물관협회 제49회 추계학술발표회, 2003
이옥남, 〈원행을묘정리의궤에 나타난 궁중연회 상차림 분석〉, 경기대 박사 논문, 2011
이유주, 〈고려시대와 조선시대의 다구에 관한 문헌적 고찰〉, 《한국식생활문화학회지》 19-4, 2004

이융조·김혜령, 〈단양 구낭굴 4차 발굴과 연구 성과〉, 《백산학보》 83, 2009
이종봉, 〈전순의 생애와 저술〉, 《지역과 역사》 28, 2011
이래자, 〈한국의 역대 다구에 관한 연구〉, 《동아시아생활학회지》 3-1, 1993
이용종, 〈한국 고대의 생업과 식생활〉, 《한국고대사연구》 12, 1997
임상택, 〈빗살무늬토기문화 취락 구조 변동 연구〉, 《호남고고학보》 23, 2006
장경희, 〈의궤의 왕실 공예〉, 국립중앙박물관 강좌, 2011
정구복·주영하, 〈고려시대 세시풍속연구〉, 《한국세시풍속자료집성: 삼국·고려시대 편》, 국립민속박물관, 2003
정근식, 〈맛의 제국·광고·식민지적 유산〉, 《사회와 역사》 66, 2004
정동찬 외, 〈겨레과학인 무쇠 솥〉, 《비교민속학》 28, 2005
정숙인, 〈성수시화에 나타난 허균의 풍격 비평〉, 《우리문학연구》 19, 2006
정혜경, 〈한국의 사회·경제적 변동에 따른 식생활 변천〉, 이대 박사 논문, 1988
주영하, 〈벽화를 통해서 본 고구려의 음식 풍속〉, 《고구려연구》 17, 2004
주영하, 〈한 사대부 집안이 보여준 다채로운 식재료의 인류학〉, 《선비의 멋 규방의 맛: 고문서로 읽는 조선의 음식문화》, 글항아리, 2012
차경희, 〈도문대작을 통해 본 조선 중기 지역별 산출 식품과 향토음식〉, 《한국식생활문화학회지》 18-4, 2003
차경희, 〈쇄미록을 통해본 16세기 동물성 식품의 소비 현황〉, 《한국식품조리과학회지》 23-5, 2007
차경희, 〈조선 중기 외래식품의 도입과 그 영향〉, 《한국식생활문화학회지》 20-4, 2005
최성락, 〈철기시대 패총의 형성 배경〉, 《호남고고학보》 15, 2002
최종규, 〈삼한 사회에 대한 고고학적 연구: 토기를 중심으로〉, 동국대 박사 논문, 1993
한민섭, 〈조선 후기 가학의 한 국면〉, 《한국실학연구》 14, 2007
한복려, 〈산가요록의 분석 고찰을 통해서 본 편찬 연대와 저자〉, 《농업사연구》 2-1, 2003
石毛直道, 〈20世紀日本の食〉, 《食の100年》, ドメス出版, 2001
Fuller, Dorian Q. et al., 〈Consilience of genetics and archaeobotany in the entangled history of rice〉, 《Archaeological and Anthropological Sciences》 2-2, 2010

그 밖에 도움받은 곳

국립경주박물관, 국립공주박물관, 국립광주박물관, 국립김해박물관, 국립문화재연구소, 국립민속박물관, 국립부여박물관, 국립청주박물관, 국립해양문화재연구소, 대전선사박물관, 동아대학교 박물관, 복천박물관, 부산대학교 박물관, 부산박물관, 아모레퍼시픽 미술관, 유네스코, 전주시청 전통문화과, 토지주택박물관, 풀무원 김치박물관, 한국학중앙연구원 장서각, 호림박물관